T0194463

essentials

Essentials liefern aktuelles Wissen in konzentrierter Form. Die Essenz dessen, worauf es als „State-of-the-Art" in der gegenwärtigen Fachdiskussion oder in der Praxis ankommt. *Essentials* informieren schnell, unkompliziert und verständlich

- als Einführung in ein aktuelles Thema aus Ihrem Fachgebiet
- als Einstieg in ein für Sie noch unbekanntes Themenfeld
- als Einblick, um zum Thema mitreden zu können

Die Bücher in elektronischer und gedruckter Form bringen das Fachwissen von Springerautor*innen kompakt zur Darstellung. Sie sind besonders für die Nutzung als eBook auf Tablet-PCs, eBook-Readern und Smartphones geeignet. *Essentials* sind Wissensbausteine aus den Wirtschafts-, Sozial- und Geisteswissenschaften, aus Technik und Naturwissenschaften sowie aus Medizin, Psychologie und Gesundheitsberufen. Von renommierten Autor*innen aller Springer-Verlagsmarken.

Kristina Sommer

Locationmanagement für die Eventkonzeption

 Springer Gabler

Kristina Sommer
Kasseburg, Deutschland

ISSN 2197-6708   ISSN 2197-6716 (electronic)
essentials
ISBN 978-3-658-43927-9   ISBN 978-3-658-43928-6 (eBook)
https://doi.org/10.1007/978-3-658-43928-6

Die Deutsche Nationalbibliothek verzeichnet diese Publikation in der Deutschen Nationalbibliografie; detaillierte bibliografische Daten sind im Internet über https://portal.dnb.de abrufbar.

Planung/Lektorat: Maximilian David
Springer Gabler ist ein Imprint der eingetragenen Gesellschaft Springer Fachmedien Wiesbaden GmbH und ist ein Teil von Springer Nature.
Die Anschrift der Gesellschaft ist: Abraham-Lincoln-Str. 46, 65189 Wiesbaden, Germany

Das Papier dieses Produkts ist recyclebar.

Was Sie in diesem *essential* finden

- Bedeutung und Notwendigkeit des Locationmanagements im Eventmanagement
- Vorgehensweise beim Locationmanagement
- Wichtige Aspekte des Locationmanagements
- Bestandteile des Locationmanagements

Vorwort

Ohne einen Raum, der den Rahmen für die Durchführung bietet, ist ein Event nicht vorstellbar. Dabei muss ein Raum nicht immer ein Innenraum im Sinne eines Festsaals oder einer Messehalle sein. Auch im Außenbereich bei Festivals oder anderen Events unter freiem Himmel wird ein Raum geschaffen, der den Event von seinem Umfeld abgrenzt. Der Raum ist Teil der Eventinszenierung und es wird z. B. bei Hochzeiten viel Zeit darauf verwendet, den richtigen Rahmen zu finden. Erstaunlich ist deshalb die Tatsache, dass es kaum Betrachtungen des Raums in der Literatur zum Eventmanagement gibt. Die Location als Leinwand für unsere Events verdient eine theoretische Auseinandersetzung. Dieses Essential soll daher als Basis für diese Auseinandersetzung dienen.

Kristina Sommer

Inhaltsverzeichnis

Einleitung 1

In diesem Kapitel erhalten Sie einen Überblick über …

- Den Hintergrund und die Bedeutung des Locationmanagements für die Eventkonzeption
- Die Zielsetzung dieser Publikation
- Eine erste Definition des Begriffs Locationmanagement

1.1 Hintergrund

Die erfolgreiche Organisation und Durchführung von Veranstaltungen hängt zu einem großen Teil von einer gut abgestimmten Auswahl des Veranstaltungsortes ab. Das Locationmanagement spielt dabei eine entscheidende Rolle und umfasst die strategische Planung, Suche, Buchung und Verwaltung geeigneter Veranstaltungsorte. Ob es sich um eine Konferenz, eine Messe, eine Gala oder ein Musikfestival handelt, die Wahl der richtigen Location kann über Erfolg oder Misserfolg einer Veranstaltung entscheiden.

Das Locationmanagement umfasst mehr als nur die räumlichen Aspekte einer Veranstaltung. Es umfasst auch die Berücksichtigung verschiedener Faktoren wie Erreichbarkeit für die Teilnehmer, Infrastruktur, technische Ausstattung, Kapazität, Atmosphäre und Budget. Darüber hinaus spielen auch rechtliche und logistische Aspekte eine Rolle, wie Genehmigungen, Parkmöglichkeiten, Sicherheitsvorkehrungen und die Verfügbarkeit von Dienstleistern vor Ort.

Im Kontext von Veranstaltungen spielt die Raumgestaltung und die Schaffung ganzheitlicher Raumeindrücke eine wesentliche Rolle und hat erheblichen

© Der/die Autor(en), exklusiv lizenziert an Springer Fachmedien Wiesbaden
GmbH, ein Teil von Springer Nature 2024
K. Sommer, *Locationmanagement für die Eventkonzeption*, essentials,
https://doi.org/10.1007/978-3-658-43928-6_1

Einfluss auf das Erlebnis der Besucher (Party Rent Group, 2015, S. 2). Eine
geeignete Location kann die Teilnehmer beeindrucken, die Stimmung positiv
beeinflussen und zu einem unvergesslichen Erlebnis beitragen. Zugleich kann ein
falsch gewählter Ort zu Beeinträchtigungen, logistischen Problemen und einer
negativen Wahrnehmung der Veranstaltung führen.

Dieser Text widmet sich dem Thema Locationmanagement und beleuchtet
die verschiedenen Aspekte, die bei der Auswahl und dem Management von
Veranstaltungsorten berücksichtigt werden sollten. Er bietet Erkenntnisse über
bewährte Verfahren, Herausforderungen und Trends, die für das Locationmanagement relevant sind. Darüber hinaus gibt er Tipps und Empfehlungen, um durch
eine sorgfältige Auswahl des Veranstaltungsortes und ein effektives Management
einen erfolgreichen Event zu ermöglichen.

1.2   Zielsetzung

Der Raum kann als Teil des Facility Managements von Immobilien einge-
ordnet werden. Die German Facility Management Association (GEFMA) definiert Facility Management als Managementdisziplin, welche die notwendigen
Unterstützungs- bzw. Sekundär-Prozesse des Kerngeschäfts eines Unternehmens
vereint. Dabei stehen die stetige Analyse und Optimierung von Prozessen rund
um bauliche und technische Anlagen, Einrichtungen sowie im Unternehmen
erbrachte Leistungen, die nicht zum Kerngeschäft gehören, im Fokus (Fuchs,
2021, S. 322). Es geht dabei nicht um die Nutzung und Bewirtschaftung des
Immobilienobjekts, sondern um den gesamten Lebenszyklus einer Immobilie.
Es wird daher zwischen operativem Gebäudemanagement und lebenszyklusbe-
zogenem und strategischem Facility Management unterschieden (Fuchs, 2021,
S. 323).

In diesem Text soll es nicht um die Entwicklung, den Bau und den Betrieb
von Eventlocations gehen, sondern um die Bedeutung des Locationmanagements
bei der Eventkonzeption. Im weiteren Text spielt daher im Zusammenhang mit
Facility Management das operative Gebäudemanagement eine Rolle und nicht die
strategische Ausrichtung der Immobiliennutzung.

Eine Eventlocation ist in der Kurzdefinition der Ort, an dem eine Live-
Veranstaltung stattfindet (Berners, 2018, S. 3). Dieser Ort muss über eine hohe
Aufenthaltsqualität und Flexibilität verfügen. Vor allem wenn es sich um eine
Location handelt, die einzig und allein als Eventlocation dient und dafür ggf.
errichtet wurde, muss sie eine hohe Flexibilität aufweisen, um verschiedenen
Veranstaltungsformaten gerecht werden zu können (Häusser, 2017, S. 656).

Die Auswahl des richtigen Veranstaltungsorts ist ein entscheidender Schritt für den Erfolg des Events, und eine gründliche Planung ist unerlässlich, um sicherzustellen, dass alle Anforderungen erfüllt werden (Anderson, 2010, S. 127). Nur so können teure Umbauten vor oder während des Events sowie notwendige Veränderungen im Eventkonzept aufgrund falscher Locationwahl vermieden werden (Kiel & Bäuchl, 2014, S. 44).

Theoretischer Rahmen

2

In diesem Kapitel erhalten Sie einen Überblick über …

- Die Bedeutung der Wahl des richtigen Veranstaltungsortes und wie dieser zur Atmosphäre und zum Stil der Veranstaltung beiträgt
- Den Prozess der Auswahl des Veranstaltungsortes, insbesondere die Notwendigkeit, frühzeitig zu planen und beliebte Veranstaltungsorte weit im Voraus zu buchen
- Verschiedene Aspekte wie Zugang, Catering, Bühneneinrichtungen und Budget und deren Bedeutung für die Entscheidung für einen Veranstaltungsort
- Die Rolle des Veranstaltungsortes bei der Durchführung einer Veranstaltung, einschließlich der Bedeutung von architektonischen Elementen für die Schaffung der gewünschten Atmosphäre
- Verschiedene Arten von Veranstaltungsorten, die für unterschiedliche Arten von Veranstaltungen geeignet sind

2.1 Locationmanagement im Sinne des Eventmanagements

Der Veranstaltungsort bzw. die Location (engl. venue) ist ein entscheidender Faktor bei der Entwicklung des Konzepts für einen Event. Die Location muss den Anforderungen des Events entsprechen und nicht nur die Anzahl der Teilnehmer aufnehmen, sondern auch zum gewünschten Stil und zur Atmosphäre beitragen.

K. Sommer, *Locationmanagement für die Eventkonzeption*, essentials, https://doi.org/10.1007/978-3-658-43928-6_2

Eine formelle Veranstaltung, wie eine Preisverleihungszeremonie oder ein Tanz-abend, wird andere Anforderungen stellen als eine informelle Veranstaltung, wie eine Betriebsfeier oder ein Festival (Bowdin et al., 2023, S. 271). Auch private Events wie Hochzeiten stehen vor der Wahl der geeigneten Location. 39 % der für eine Studie befragten Hochzeitspaare empfanden es als größte Herausfor-derung bei der Hochzeitsplanung, einen geeigneten Ort für die Feier zu finden (Kartenmacherei, 2023).

Der Begriff Event bedeutet „besonderes Ereignis" (Jäger, 2021, S. 12). Und zu diesem Ereignischarakter gehören nach Holzbaur (2002) folgende Aspekte (Holzbaur, 2002, S. 6):

- Erinnerungswert,
- Einmaligkeit,
- Aktivierung der Teilnehmer sowie Zusatznutzen und Effekte,
- Planung, Gestaltung, Organisation und Inszenierung,
- Vielfalt von Ereignissen, Medien und Wahrnehmungen,
- Event aus Teilnehmersicht.

Die Eventlocation muss ihren Beitrag dazu leisten, einen Ereignischarakter zu schaffen. Grundsätzlich gilt, dass die Location frei gewählt werden kann, aller-dings gibt es auch Events, die an eine bestimmte Location gebunden sind, da sie traditionell an einem bestimmten Ort stattfinden (Hind et al., 2023, S. 82), wie z. B. das Filmfest von Cannes, das vor allem im Palais des Festivals et des Congrès durchgeführt wird.

Der Veranstaltungsort muss die operativen Anforderungen der Veranstaltung in Bezug auf Zugang, Catering, Inszenierung und Einrichtungen erfüllen. Er sollte in das Budget passen, einschließlich der Kosten für Dekoration und die Bereit-stellung geeigneter Strom-, Wasser- und Bühneneinrichtungen, falls diese nicht vorhanden sind. Zudem muss die Veranstaltung den Bedürfnissen der Teilnehmer gerecht werden, einschließlich Transport, Parken und Bequemlichkeit (Bowdin et al., 2023, S. 271).

Das Locationmanagement sollte nicht mit dem betrieblichen Standortmana-gement verwechselt werden. Ein Standort bezeichnet einen bestimmten geo-grafischen Raum oder Ort mit spezifischen Merkmalen, wie z. B. Art und Umfang der gewerblichen, land- oder forstwirtschaftlichen Nutzung. An diesem Standort setzt ein Unternehmen Produktionsfaktoren ein, um Produkte herzustel-len oder Dienstleistungen zu erbringen. In einem weiteren Sinne umfasst der Standortbegriff die Gesamtheit der wirtschaftlichen Beziehungen zwischen den

Dienstleistungsstandorten der Unternehmen und ihrem Umfeld (Pechlaner, 2008, S. 21).

Henschel (2010) definiert eine Location im Sinne des Eventmanagements wie folgt: „Als Location wird in der Praxis jeder Veranstaltungsraum bezeichnet, unabhängig von seiner Größe und Struktur. Auch Freiluft-Veranstaltungsflächen (OpenAir) werden Location genannt" (Henschel, 2010, S. 125). Veranstaltungsräume und -flächen sind somit die Location, auf die sich das Locationmanagement aus dem Blickwinkel des Eventmanagements bezieht.

Die Auswahl des richtigen Veranstaltungsorts für den Event erfordert eine genaue Planung. Manche Eventlocations sind auf lange Sicht ausgebucht. Wenn es möglich ist, sollte daher mindestens 12 Monate im Voraus mit dem Auswahlprozess einer Location begonnen werden (Anderson, 2010, S. 127).

Kiel und Bäuchl (2014) entwickelten ein Orientierungsraster mit konzeptionellen Möglichkeiten für ein Event in einer geeigneten Reihenfolge (Vgl. Abb. 2.1). Betont wird dabei, dass das Raster immer im Kontext von festgelegten Zielen und Botschaften, sowie Zielgruppen, Themen und Corporate Identity steht. Die strategische Auswahl der einzelnen Kriterien ist essentiell und bei der Auswahl der Eventlocation ist es wichtig, dass auch in diesem Kontext Ziele, Botschaften und Zielgruppen Beachtung finden und nicht subjektiv geleitete Entscheidungen (Kiel & Bäuchl, 2014, S. 41 f.).

Der Prozess beginnt mit der Eventlocation, also der Auswahl einer geeigneten Veranstaltungsstätte. Es geht darum, eine erste Auswahl geeigneter Veranstaltungsstätten zu finden, die den Zielen, Botschaften und der Zielgruppe entsprechen. Danach müssen die Verfügbarkeit sowie die Kosten geprüft werden (Kiel & Bäuchl, 2014, S. 43).

Zu beachten ist, dass die Wahl der Eventlocation einen erheblichen Einfluss darauf hat, ob alle potenziellen Teilnehmer an einer Veranstaltung teilnehmen können oder nicht. Wenn der Zugang zum Veranstaltungsort und die internen Wege innerhalb des Gebäudes nicht barrierefrei sind, kann dies leicht dazu führen, dass einige Personen von der Teilnahme ausgeschlossen werden. Wenn aber auf die Barrierefreiheit der Location geachtet wird, kann die Zielgruppe um die Personengruppen erweitert werden, die sonst nicht hätten dabei sein können (Hoffmann-Wagner & Jostes, 2021, S. 37). Barrierefreiheit ist ein Aspekt bei der Locationwahl, der schon frühzeitig Beachtung finden sollte. Zu den Bereichen, die in Bezug auf die Location untersucht werden sollten, gehören (Hoffmann-Wagner & Jostes, 2021, S. 39):

• Infrastruktur (Zugänglichkeit, Leit- und Orientierungssysteme, behindertengerechte Sanitäranlagen, Aufzüge)

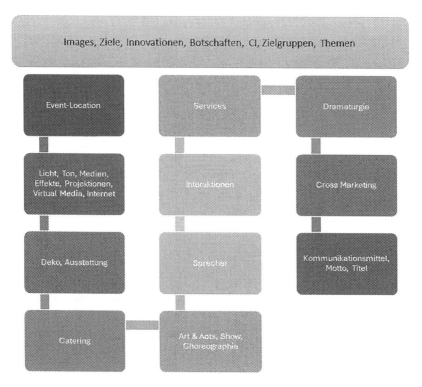

Abb. 2.1 Strategische kreative Eventkonzeption. (Darstellung in Anlehnung an Kiel und Bäuchl 2014)

- Veranstaltungsräume (Einfacher Zugang, Informations- und Kommunikationshilfen, Beschilderung nach dem 2-Sinne-Prinzip[1])
- Krisenmanagement (Flucht- und Rettungswege, schnelles Verlassen des Events, Sicherheitsketten mit Sammelplätzen)

Das Anliegen einer umfassenden Zugänglichkeit bezieht sich auf alle Bereiche im Zusammenhang mit Events, einschließlich der Räumlichkeiten, der angebotenen Dienstleistungen und der technischen Ausstattung. In diesem Zusammenhang ist

---

[1] Nach DIN 18040 (Norm Barrierefreies Bauen) bedeutet das 2-Sinne-Prinzip, dass Informationen unter Berücksichtigung der Nutzung von mindestens zwei Sinnen (Sehen, Hören oder Tasten) übermittelt werden sollen.

es von entscheidender Bedeutung, sowohl die Infrastruktur als auch den Veranstaltungsbereich des Veranstaltungsortes genau auf Barrierefreiheit zu prüfen und zu überwachen (Hoffmann-Wagner & Jostes, 2021, S. 39).

2.2 Typisierung von Veranstaltungsstätten

Grundsätzlich kann zwischen urbanen (in der Stadt befindlichen) und ruralen (auf dem Lande befindlichen) Locations unterschieden werden (Paul & Sakschewsk, 2012, S. 23). In Bezug auf die räumliche Gliederung der Location wird in der Literatur zwischen Kern-, Mantel- und Fernverkehrszone unterschieden. Die Kernzone ist das engere Veranstaltungsgelände, die Mantelzone ist das umliegende Gebiet, in dem Haltestellen des ÖPNV oder Parkplätze vorhanden sind über die die Eventlocation zu Fuß oder mit einem Shuttle-Bus erreicht wird. Bei Groß- oder Mega-Events können in diesem Bereich Pufferzonen eingerichtet werden, um eine zu hohe Besucherdichte zu vermeiden. Die Fernverkehrszone fängt den Anreiseverkehr ab und bündelt diesen. In dieser Zone liegen die Fernbahnhöfe oder Flughäfen sowie Autobahnzubringer. Auch diese Zone kann für einen Event relevant sein, wenn z. B. unerwünschte Teilnehmer (wie Krawalltouristen) beobachtet werden sollen (Dienel, 2004, S. 59 f.). Für Eventplaner sind diese Zonen wichtig, da es speziell bei Groß- oder Mega-Events um die Kalkulation von Kapazitätsgrenzen für die Anreise mittels vorhandener Infrastruktur (wie Straßen, Parkplätze, Bahnhöfe usw.) geht (Heinze, 2004, S. 61).

Eine weitere grundsätzliche Einteilung ist die Unterscheidung zwischen Indoor- und Outdoor-Locations (Paul & Sakschewsk, 2012, S. 22) (Abb. 2.2). Aber auch eine weitere Einteilung in geschlossene, überachte oder offene Locations wird in der Literatur genutzt (Heinze, 2004, S. 58).

Zudem lassen sich Eventlocations in für Events vorgesehene Locations wie Tagungshotels oder Veranstaltungszentren sowie in Locations, die ursprünglich nicht für Events gedacht waren (wie Museen oder Flugzeughangars) einteilen (Berners, 2018, S. 4). Im regelmäßig erscheinenden „Meeting- & EventBarometer"[2] werden die Veranstaltungsstätten in Deutschland in drei Bereiche eingeteilt:

---

[2] Bei der Erhebung des „Meeting- & EventBarometers" wird nicht der komplette Tagungsmarkt abgedeckt, da Betriebe erst ab einer Kapazität von mindestens 100 Sitzplätzen in Reihenbestuhlung im größten Raum befragt werden (GCB, 2023, S. 24).

Abb. 2.2 Offene Outdoor-Location für einen Event

- Veranstaltungszentren: Hierzu gehören Kongresszentren, Sport- und Mehr-
  zweckhallen, Arenen sowie Bürgerhäuser, die für die Durchführung von Veranstaltungen gebaut wurden und keine Übernachtungsmöglichkeiten anbieten
  (GCB, 2023, S. 67).
- Tagungshotels: Diese Veranstaltungsstättenart bietet neben den Tagungsein-
  richtungen auch Übernachtungsmöglichkeiten an (GCB, 2023, S. 67).
- Eventlocations: Hierzu gehören die Veranstaltungsstätten, die eigentlich für
  einen anderen Zweck als den einer Eventlocation gebaut wurden. Hierzu gehören z. B. Burgen, Hochschulen oder Flughäfen (GCB, 2023, S. 67). Sie werden
  auch als Special Event Locations (SEL) bezeichnet (Rück, 2015, S. 30).

Insgesamt gab es im Jahr 2022 rund 7456 dieser drei Arten von Veranstaltungsstätten in Deutschland. Von diesen Veranstaltungsstätten sind 24 %
Veranstaltungszentren, 31 % Eventlocations und 45 % Tagungshotels. Im Vergleich zum Vorjahr sank die Zahl der Veranstaltungsstätten um 0,8 %. Vor allem
Eventlocations waren von diesem Rückgang betroffen (Vgl. Abb. 2.3) (GCB,
2023, S. 23).

Im Jahr 2020 verzeichneten die Veranstaltungsstätten in Deutschland aufgrund
der Coronakrise starke Umsatzverluste. Trotz leichter Erholung bei den Veranstaltungszentren war auch das Jahr 2021 in Bezug auf den Umsatz sehr schwach.
Erst im Jahr 2022 kam es zu einer Erholung bei der Umsatzentwicklung. Speziell die Eventlocations konnten einen Anstieg verzeichnen (GCB, 2023, S. 33).

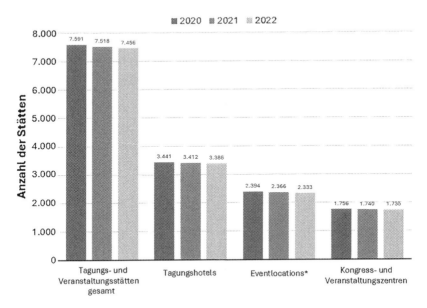

Abb. 2.3 Anzahl der Tagungs- und Veranstaltungsstätten in Deutschland in den Jahren 2020 bis 2022 (GCB, 2023, S. 23) * Burg/Schloss, Kloster, Museum, Fabrikhalle/Lokschuppen, Studio, Freizeitpark, Zoo, Bildungseinrichtung/Hochschule, Flughafen

93 % Umsatzentwicklung im Vergleich zum Vorjahr zeigten eine deutliche Erholung. Auch die Veranstaltungszentren (+72,5 %) und die Tagungshotels (+66,9 %) erholten sich im Jahr 2022. Die Prognosen für die Folgejahre sehen ebenfalls positiv aus (Vgl. Abb. 2.4) (GCB, 2023, S. 34).

Die Veranstaltungsstätten lassen sich auch nach präferierter Veranstaltungsart definieren, die in der jeweiligen Location stattfindet. In den Veranstaltungszentren finden vor allem Kultur- und Sportveranstaltungen (Popkonzerte, Sportfeste etc.) statt. Die Tagungshotels werden vor allem für Seminare, Tagungen und Kongresse (geschäftlich, zum Wissensaustausch) genutzt. In den Eventlocations werden Festivitäten (z. B. Jubiläen, Bankette, Hochzeiten, Firmenfeiern, Partys) und Social Events (z. B. Rahmenprogramme, Dinner- und Abendveranstaltungen als Teil einer übergeordneten Veranstaltung wie beispielsweise einem Kongress) durchgeführt. Ausstellungen und Präsentationen (z. B. Produktpräsentationen, kleinere Messen) finden vor allem in Tagungshotels und Eventlocations statt (GCB, 2023, S. 26).

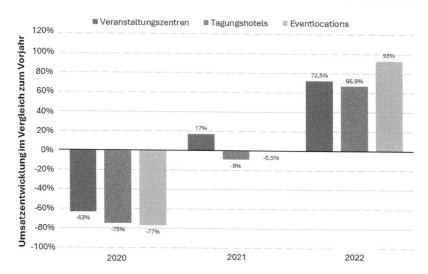

Abb. 2.4 Umsatzentwicklung für Veranstaltungsstätten in Deutschland in den Jahren 2020 bis 2022 im Vergleich zum Vorjahr in Prozent (GCB, 2023, S. 33)

Bei den beruflich motivierten Events lagen vor allem die Tagungshotels in der Gunst der Nachfrager weit oben und dominierten mit einem Anteil von 79,0 %. In den Veranstaltungszentren lag der Fokus etwas stärker bei den Events und dabei auf den nicht-beruflich motivierten Veranstaltungen. Beruflich motivierte Veranstaltungen machten nur 47,3 % aus. In den Eventlocations überwogen wiederum die beruflich motivierten Events mit 55,3 % (GCB, 2023, S. 24).

Die SEL sind Eventlocations, die ursprünglich nicht als Veranstaltungsort gedacht waren, sondern für andere Zwecke gebaut wurden. Sie werden gelegentlich – manchmal allerdings auch permanent – als Eventlocation genutzt (Rück, 2015, S. 30). Es gibt eine große Bandbreite an SEL. Beispielhaft lassen sich folgende Eventlocations den SEL zuordnen (Rück, 2015, S. 30 f.):

• Theater
• Kinos
• Museen
• Kirchen
• Klöster
• Burgen
• Schlösser
• Fabrikhallen
• Industrieanlagen
• (Hoch-)Schulen und andere
  Bildungseinrichtungen
	• Freizeit- und Themenparks sowie
	  Spaßbäder oder Filmparks
	• Ferienclubanlagen
	• Kreuzfahrtschiffe (Hochsee, Fluss)
	• Zoologische Gärten
	• Zirkusse
	• Bergbahnen
	• Sonderbauten (Buga oder Expo usw.)
	• Flughäfen und Hangars
	• Bahnhöfe und Lokschuppen

Die SEL gehören zu der Menge an Locations, die übrig bleibt, wenn die Tagungshotels und Veranstaltungszentren abgezogen werden. Laut Meeting- & Eventbarometer gab es 2333 SEL im Jahr 2022 in Deutschland. Sie liegen damit bezogen auf die Anzahl auf Platz zwei hinter den Tagungshotels mit 3388 Veranstaltungsstätten (GCB, 2023, S. 23). Die SEL liegen also trotz ihrer Vielfalt hinter der Anzahl der Tagungshotels zurück. Allerdings muss beachtet werden, dass bei der Erhebung im Rahmen des Meeting- & Eventbarometers, aus dem diese Daten stammen, nur Veranstaltungsstätten beachtet wurden, die mindestens 100 Sitzplätze in Reihenbestuhlung im größten Raum bieten. Kleine Veranstaltungsstätten sind somit nicht näher betrachtet worden (GCB, 2023, S. 24). Der gesamte SEL-Markt ist schwer zu identifizieren, denn es gibt eine Vielzahl an unterschiedlichen Eventlocations, die manchmal nur gelegentlich als Eventlocation genutzt werden und sonst nicht in Erscheinung treten (Rück, 2015, S. 32).

Es gibt noch eine weitere Möglichkeit der Veranstaltungsstätte: Die temporäre Location. Wie auch bei den SEL ist das Angebot vielfältig. Mobile Bauten wie kleine Pagoden, Bierzelte, Schirme, Pavillons bis hin zu Eventhallen sind möglich (Vgl. Abb. 2.5) (Baumann, 2022).

Temporäre Bauten können für eine Vielzahl an Events wie Firmenevents, Stadtfeste oder Produktpräsentationen eingesetzt werden. Ihre Architektur kann klassisch oder modern gestaltet sein. Sie können kundenspezifisch angefertigt werden oder als Standard verfügbar und anmietbar sein. Neben Zelten gibt es auch andere mobile Bauten wie Container für Büroräume, Toilettenbereiche, Küchen oder Sozialräume (Baumann, 2022). Ein Vorteil von mobilen Locations wie z. B. Zelten ist, dass sich Fassaden und Flächen mit Brandings, Projektionen oder Dekorationen an das jeweilige Event anpassen lassen (Baumann, 2022). Wichtig zu beachten ist bei der Entwicklung und Gestaltung von temporären Bauten die Versammlungsstättenverordnung, die das Basisregelwerk darstellt (Koch, 2019).

Abb. 2.5 Zelt als mobile Eventlocation

Aufgrund von Nachhaltigkeitsaspekten wird auf Mietobjekte gesetzt, die rückgebaut und mehrfach genutzt werden können. Die Teile sind meist so gefertigt, dass sie Standard-Logistikmaße haben und kostenarm transportiert werden können (Koch, 2019).

Ein Beispiel dafür, welche Dimensionen temporäre Bauten annehmen können ist das Oktoberfest: Der Aufbau auf der Theresienwiese in München begann im Jahr 2023 rund 68 Tage vor der Eröffnung. Es gab mehrere Bauabschnitte: Zuerst wurden die großen Bierzelte aufgebaut, dann folgten die mittleren und kleinen Zelte. Erst danach wurden Fahrgeschäfte, Karussells und die Buden der Schausteller errichtet. Für ein Großzelt wurden rund 35.000 qm Fußboden, 13,5 km Kabel, 270 m Gasleitungen und 370 m Wasserleitungen verlegt (Oktoberfest, 2023).

Temporäre Eventbauten auf dem Wasser stellen einen Sonderfall dar. Vorab müssen Kriterien wie

- Stehendes oder fließendes Gewässer,
- Wassertiefe,
- Unterschiedliche Wasserstände,
- Untergrund,
- Windkräfte,
- Location schwimmend oder auf dem Grund stehend,

- Gewässer privat oder öffentlich,
- Gewässer schiffbar oder nicht,

geklärt werden. Sollte die Location auf dem Grund stehen, muss auch der Einsatz eines Tauchers einkalkuliert werden, der die Gerüstunterkonstruktion bei Aufbau und Betrieb der Location prüft (Kothe, 2018).

Eine weitere Form von Locations hat sich speziell während der Coronakrise herausgebildet: Die Streaminglocation. Sie wird für die Durchführung von hybriden und virtuellen Events genutzt. Ab Mitte 2022 nahm die Nachfrage nach dieser Locationform wieder ab, aber trotzdem spielt sie noch eine Rolle, denn virtuelle Events haben durch die Coronakrise an Bedeutung gewonnen und diese auch in der Postcorona-Phase nicht wieder komplett verloren (BlachReport, 2023). Die Streaminglocation bietet gegenüber dem reinen Streamingstudio mehr Flexibilität. So kann z. B. der Raum um Bereiche für Catering oder Rückzugsmöglichkeiten erweitert werden. Ein reiner Greenscreen bietet die Möglichkeit eines komplett digitalen Sets, dieser stellt aber auch hohe Anforderungen an die vor der Kamera agierenden Personen (Herbers, 2021).

2.3 Der Raum als szenisches Mittel

Die Location ist ein zentraler Baustein der Eventinszenierung (Jäger, 2021, S. 159). Die Szenografie fügt dem unveränderbaren Raum das Bewegliche und Wandelbare hinzu und macht den Raum mittels logistischer, dekorativer Elemente zu einer Bühne für den Event. Murer (2013) schreibt von der sogenannten Event-Architektur, die eine Nebendisziplin der Szenografie ist und die subjektive Wahrnehmung des Einzelnen steuert. Zudem sorgt sie für Emotionen (Murer, 2013, S. 177 ff.).

Für die Live-Kommunikation des Events ist der Raum essenziell. Doch wie wird der Raum durch die Teilnehmer wahrgenommen? Eine wesentliche Rolle spielen dabei folgende Faktoren (Ernst und Luppold, S. 496 f.):

- Licht
- Farbe
- Oberflächen und Material
- Geruch
- Akustik
- Dimension, Orientierung und Bewegung

Für die Raumwahrnehmung der Menschen sind zudem „individuelle Erlebnisse, Erinnerungen und Beziehungsgeflechte" (Reichel et al., 2014, S. 10) wesentlich. Dies macht deutlich, dass Raumwahrnehmung durch die soziokulturellen Hintergründe der jeweiligen Person geprägt wird. So wird ein Event auf einem Schiff für einen ehemaligen Kapitän sicherlich mit anderen Erinnerungen verbunden sein, als für Eventbesucher ohne diesen beruflichen Hintergrund. Im Mittelpunkt der Raumgestaltung sollte daher immer der Mensch mit seiner visuellen und haptischen Wahrnehmung stehen (Reichel et al., 2014, S. 12). Für Eventmanager ist es essenziell, sich mit dem Thema Raumbildung auseinanderzusetzen, um eine Raumsituation und -struktur passend zur Zielsetzung und Zielgruppe des Events zu schaffen.

Bei der Event-Architektur wird zwischen raumbildenden, baulichen Werkzeugen sowie flüchtigen und inszenatorischen Werkzeugen unterschieden. Es lassen sich diese Werkzeuge wie folgt beschreiben (Hirt zitiert nach Murer, 2013, S. 182):

- Raumbildende, bauliche Werkzeuge wie z. B.:
  - Textil
  - Holz
  - Metall
  - Glas
- Flüchtige, inszenatorische Werkzeuge wie z. B.:
  - Licht
  - Ton
  - Düfte, Aromen
  - Displays

Bauliche Werkzeuge wie Baustoffe können fest im Raum installiert oder wandelbar sein (wie z. B. bewegliche Wände, versenkbare Bühnen). Flüchtige Werkzeuge sind temporär und veränderbar. Sie beeinflussen das Raumerlebnis (Murer, 2013, S. 182 f.). In Räumen können sich Funktionen und Zeitabläufe überlagern. Dies geschieht z. B. durch die beweglichen Wände. So wird der Raum variabel und kann auf der Grundfläche verschiedene Funktionen möglich machen (Reichel et al., 2014, S. 11).

Unter Mediatektur werden mit der Architektur verschmelzende digitale Medien wie LED-Wände oder Multitouch-Tische bezeichnet. Mediatektur kann folgende Funktionen haben (Kaufmann, 2016):

- Eyecatcher

- Informationsvermittlung
- Stellvertreter (wenn z. B. ein Exponat auf einer Messe nicht gezeigt werden kann, weil es z. B. zu groß ist, kann es per Multimediadarstellung vorgestellt werden)
- Interaktion (spielerisches Entdecken mittels z. B. multimedialer Simulation oder Wissensquiz)

Wie kann ein Raum in Szene gesetzt werden, damit sich die Gäste wohlfühlen? Beachtet werden muss bei dieser Frage, dass es keine Anleitung gibt, wie der perfekte Raum auszusehen hat. Raumwahrnehmung geschieht im Unterbewusstsein der Menschen. Und diese Wahrnehmung wird von dem Individuum und seinen soziokulturellen und psychologischen Einflüssen bestimmt (Schäfer 2020). Für das Sicherheitsempfinden der Gäste ist Orientierung wichtig. So sollte bereits bei der Raumplanung festgelegt werden, wie sich die Gäste im Raum bewegen sollen. Dabei kann auch die Wegbeschriftung bereits eingeplant werden (Hirt, 2013, S. 184).

Farbe und Licht sowie Ordnung und Struktur sind essenziell, aber auch die Temperatur des Raums muss als angenehm empfunden werden (Schäfer, 2020). Licht und Farben sowie Lichtwechsel und Kontraste sind wichtige szenische Mittel. Farben können aktivierend wirken oder entspannen. Wichtig ist für einen Event mit Catering, wie die Speisen im jeweiligen Licht aussehen (Altenbeck & Luppold, 2021, S. 46). Der Raum und das Gastronomiekonzept sind entscheidend für das Lichtdesign im Cateringbereich. So unterstützt z. b. tageslichtähnliches, weißes, frisches und diffuses Licht schnelle Abläufe beim Catering. Stimmungsvolles und warmes Licht sorgt für ein längeres Verweilen im Cateringbereich (Gussmann, 2017).

Die Technik macht programmierbare Lichtszenarien je nach gewünschter Anforderung möglich. Im Trend liegen dabei Lichtinseln wie z. B. pointierte Beleuchtung von Tischen, oder das Zonieren mittels Licht (Gussmann, 2017).

Das Beispiel auf dem folgenden Foto zeigt einen festlich eingedeckten Raum (Vgl. Abb. 2.6). Es ist eine unspektakuläre Inszenierung des Raums mit warmen und frischen Farben. Es dominiert Weiß, das die Helligkeit des Raums betont. Zudem wird die Farbe der Gardinen in der Tischdekoration aufgenommen. Obwohl die Tische voll erscheinen, gibt es eine Struktur, sowohl auf den Tischen als auch im Raum selbst. Helligkeit, Frische und Klarheit dominieren. Auf den Tischen ist viel Glas zu sehen, um es nicht zu steril wirken zu lassen, wird in der Dekoration die Farbe der Gardinen aufgegriffen und mit frischem Grün ergänzt.

Abb. 2.6 Inszenierung eines Raums

Ein roter Faden sollte alle Elemente der Raumgestaltung verbinden. Dieser kann die Verweildauer erhöhen und zur Auseinandersetzung mit der Botschaft des Evens führen. Hierfür ist eine klare Idee zur Kommunikation und eine passenden Storyline notwendig (Schäfer, 2020). Altenbeck und Luppold (2021) schreiben in Bezug auf Storytelling: „Geschichten helfen unserem Gehirn, Informationen, Erfahrungen, Wissen, Botschaften und selbst Zahlen aufzunehmen und langfristig im Gehirn zu verankern. Eine gute Geschichte aktiviert unser Gehirn, emotionalisiert uns und bleibt im Gedächtnis." (Altenbeck & Luppold, 2021, S. 18). Eine Geschichte hat einen Anfang, einen Höhepunkt, ein Ende und verbindet diese Elemente mit Übergängen. Alles, was zu der Erzählung im Rahmen eines Events gehört, braucht eine Dramaturgie und damit eine Spannungskurve (Altenbeck & Luppold, 2021, S. 27). Der Raum ist die Bühne dafür.

Ein Beispiel ist das 2005 gegründete Festival Tomorrowland, das regelmäßig in Belgien stattfindet. Das Festival schafft mit Bauten auf dem Festivalgelände eine Märchenwelt, in die die Teilnehmer eintauchen (Vienne, 2022). Das Herzstück ist die Mainstage, die von dem Tomorrowland-Team selbst hergestellt wird. Sie entsteht mittels erster Ideenskizzen, Moodboards[3] und Konzeptzeichnungen

---

[3] Ein Moodboard ist eine visuelle Darstellung, oft in Form einer Collage, die verschiedene Bilder, Farben, Texturen und Elemente zusammenbringt, um ein erstes Konzept oder eine Idee zu visualisieren. Es dient als Inspirationsquelle und kann die Basis für das Storytelling sein (Kleine Wieskamp, 2019, S. 155).

sowie 3D-Modellierungen (Tomorrowland 28.07.2023). Das Storytelling bzw. der Spannungsbogen beginnt für die Teilnehmer mit der Einladungskarte, die in einer Schachtel im jeweiligen Märchendesign verschickt wird. Schon das Unboxing wird in den Sozialen Medien als besonderes Ereignis zelebriert.

Auch eine Location mit ihrer Beleuchtung, Dekoration oder Installation kann über den Event hinaus wirken. Wenn das Setting emotionalen Foto- und Videocontent ermöglicht, regt dies zum Fotografieren und Teilen ein. Bildmaterial wird als User Generated Content in den sozialen Medien geteilt. Dies zeigt deutlich die Bedeutung der visuellen Gestaltung des jeweiligen Raums (Bernhardt et al., 2016, S. 149).

2.4   Konzepte der Raumgestaltung

Der Raum unterstützt das Konzept des Events und erfüllt die logistischen Anforderungen. Eine grundlegende Frage dabei ist, ob es einen passenden Raum gibt oder ein passender Raum gebaut werden muss. Es kann ein leerer Raum sein, der eine komplett eigene Inszenierung ermöglichen kann (Altenbeck & Luppold, 2021, S. 38).

Abb. 2.7 zeigt einen Raum, der im ländlichen Stil mit natürlichen Materialien dekoriert wurde. Es zeigt sich ein Trend im Interior-Design, der sich auf Vintage-Style, Naturmaterialien und den sogenannten Shabby Chick bezieht. Raumkonzepte, die sich auf Aspekte wie Lauter und Bunter konzentrieren, sind auf dem Rückzug. Dies geht einher mit dem Aspekt der Nachhaltigkeit durch die Nutzung von gebrauchten und natürlichen Materialien (Graf & Luppold, 2018, S. 161). Die lange, große Tafel steht im Fokus des Raums. Sie sorgt für ein Gefühl von Gemeinschaft bei Events (Party Rent Group, 2015, S. 17).

Die Möblierung des Raums ist essenziell, so kann die Festlegung der Sitzordnung einen wesentlichen Einfluss darauf haben, das Ziel des Events zu erreichen. Ist das wesentliche Ziel Networking, ist es sinnvoll, verschiedene Sitzmöglichkeiten anzubieten und ein lockeres Ambiente zu schaffen. Soll Gruppenarbeit mit Vorträgen durchgeführt werden, kann eine Y-Form der Tischanordnung passend sein. So können die Teilnehmer zusammenarbeiten, aber trotzdem einen Referenten gut sehen. Soll eine Gemeinschaft betont werden, bieten sich lange Tafeln an (Party Rent Group, 2015, S. 17). Bei der Bestuhlung muss die Sicherheit gemäß der jeweils gültigen Versammlungsstättenverordnung beachtet werden wie z. B. Breite der Rettungswege oder Brandschutz. Ein Aufbauplan für die Platzierung von Möbeln und Bestuhlung ist hilfreich (Party Rent Group, 2015, S. 20).

Abb. 2.7 Frei gestalteter leerer Raum – hier: restaurierte Scheune

Das Raumkonzept legt dar, wie sich die Ideen aus dem Eventkonzept in den gewählten Räumen umsetzen lassen. Folgende Aspekte sollten laut Murer (2013) dabei beachtet werden (Murer, 2013, S. 183):

- Platzangebot (z. B. Bühne, Zuschauerbereich)
- Zeitfaktor (z. B. Auf- und Abbauzeiten, Tageszeit des Events)
- Zielgruppen (z. B. Alter, Geschlecht, Erwartung)
- Kosten (Budget)

Diese Aspekte geben den kreativen Handlungsspielraum vor. Dieser Spielraum sollte nie komplett ausgeschöpft werden, da Veränderungen in den Rahmenbedingungen die Umsetzung verhindern könnten (Murer, 2013, S. 183). Insgesamt gilt laut Murer (2013) das Motto „weniger ist mehr" bei der Event-Architektur, denn nur so kann Ablenkung reduziert und die Konzentration der Eventteilnehmer gesteuert werden (Murer, 2013, S. 186).

Das Raumkonzept orientiert sich an der Größe des Events. Die wichtigsten Kriterien bzgl. der Größe des Events sind (Holzbaur, 2002, S. 16):

- Akteure (Menge, Aufwand)
- Service (Umfang, Anzahl Personen, Kosten)
- Besucherzahl

Wichtige Orte während des Events sollten ausgeschildert sein oder sich an den Orten befinden, an denen sie die Teilnehmer erwarten. Hilfreich sind dabei für alle Teilnehmer wahrnehmbare Knotenpunkte. Der Hauptknotenpunkt bildet dabei den Ort, an dem alle Aktivitäten zusammenlaufen und der immer belebt ist. Weitere offene Knotenpunkte erleichtern den Einstig in den Event (Doppler, 2016, S. 99). So kann eine Kaffeebar ein solcher Knotenpunkt sein. Weitere Struktur bieten Achsen, die z. B. Verbindungen zwischen Themenbereichen ermöglichen. Die Themenbereiche sollten sichtbar voneinander abgetrennt sein, aber sich nicht abgrenzen (Doppler, 2016, S. 99). Dies kann z. B. durch eine unterschiedliche Beleuchtung oder Farbgestaltung der Flächen erreicht werden. Aber auch die Erhöhung von gesonderten Bereichen für z. B. VIP-Gäste ist eine Möglichkeit, Teilbereiche im Raum einzurichten. Räumlich und akustisch abgetrennt können Breakout-Bereiche eingerichtet werden, die für Entspannung sorgen oder für ruhigere Gespräche genutzt werden können. Abtrennungen und die Schaffung einer gemütlichen Atmosphäre mittels Teppichen oder Sofas können sinnvoll sein (Party Rent Group, 2015, S. 11). Eine wichtige Frage bei der Raumgestaltung ist somit, ob es verschiedene Location-Bereiche geben soll und wie diese ggf. abgetrennt werden können (Party Rent Group, 2015, S. 14).

Die Besucherzahl lässt sich in Gesamtbesucherzahl, durchschnittliche bzw. mittlere Besucherzahl und Spitzenbesucherzahl einteilen (Holzbaur, 2002, S. 16). Die Gesamtbesucherzahl steht für die Anzahl aller Teilnehmer, die insgesamt während des Events anwesend waren. Für Events, die fluktuierende Besucherströme verzeichnen, sind die weiteren Kennzahlen interessant. Dabei steht die Spitzenbesucherzahl für den größten Wert, den die Besucherzahl während des Events annimmt. Die durchschnittliche oder mittlere Besucherzahl ergibt sich aus dem mathematischen Mittelwert der während des Events anwesenden Besucher (Prandtstetten, 2013, S. 9).

Für das Fassungsvermögen des Raums ist die Spitzenbesucherzahl ausschlaggebend, damit sichergestellt ist, dass wirklich alle Besucher in den Raum passen. Es ist also für die Raumplanung nicht die Gesamtbesucherzahl relevant, sondern die Spitzenbesucherzahl, wenn die Besucherzahl über die Veranstaltungsdauer nicht konstant ist. Interessant ist dies vor allem, wenn die Gesamtbesucherzahl hoch ist, aber nie viele Eventteilnehmer anwesend sind (Prandtstetten 2013, S. 11). Die Wechselrate (W) ergibt sich aus dem Quotienten der Gesamtbesucherzahl (G) und der Spitzenbesucherzahl (S) (Paul & Sakschewsk, 2012, S. 22; Doppler, 2016, S. 95):

$$W = G/S$$

Beispiel 1:
G = 500 und S = 300

$$W = \frac{500}{300} = 1{,}7$$

Beispiel 2:
G = 4000 und S = 800

$$W = \frac{4000}{800} = 5$$

Im ersten Beispiel ist die Wechselrate niedrig. Dies bedeutet, dass die meisten Eventteilnehmer gleichzeitig anwesend sind. Im zweiten Beispiel handelt es sich um eine relativ hohe Wechselrate mit einer hohen Fluktuation der Eventteilnehmer während des Events. Bei einer hohen Wechselrate muss sichergestellt sein, dass die Teilnehmer trotzdem den Spannungsbogen des Events erleben (Doppler, 2016, S. 95).

Eine weitere Kennzahl ist die mittlere Besucherzahl (M). Sie gibt Auskunft über die Auslastung und stellt den Quotient der Anzahl der Besucherstunden (B) und der Veranstaltungsdauer (V) dar (Paul & Sakschewsk, 2012, S. 22):

$$M = B/V$$

Wichtig für die Planung von z. B. Sicherheitsanforderungen und Infrastruktur vor Ort sind neben der Besucheranzahl weitere Informationen in Bezug auf die Besucher. Paul und Sakschewsk (2012) nennen drei wesentliche Bereiche (Paul & Sakschewsk, 2012, S. 22):

• Demografische Informationen
• Soziodemografische Informationen
• Situative Informationen

Bei den demografischen Informationen handelt es sich um Angaben zum Alter der erwarteten Eventteilnehmer und altersrelevante Informationen wie z. B. Anzahl von Menschen mit Rollator. Soziodemografische Informationen geben Auskunft darüber, welchen sozialen Milieus die Eventteilnehmer entstammen und mit welchen Begleitpersonen (Familie oder Freunde, Arbeitskollegen usw.) sie teilnehmen werden. Auch Informationen über zu erwartenden Alkoholkonsum können erhoben werden. Mit den situativen Informationen werden z. B.

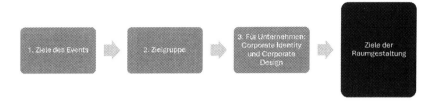

Abb. 2.8 Schritte auf dem Weg zur Raumgestaltung (eigene Darstellung in Anlehnung an Party Rent Group, 2015)

Informationen über die Anfahrtslänge oder Besucherströme (Orts- und Zielbezug) festgestellt (Paul & Sakschewsk, 2012, S. 22).

Der erste Schritt zur Raumgestaltung beginnt mit der Auseinandersetzung mit den Zielen und Zielgruppen des Events (Vgl. Abb. 2.8). Was ist das Ziel des Events? Warum wird der Event durchgeführt und an wen richtet sich der Event? Diese Fragen sind für die Eventkonzeption und auch für die Raumgestaltung essentiell. Die Raumgestaltung orientiert sich am Eventkonzept und an den inhaltlichen Zielen des Events (Party Rent Group, 2015, S. 5). In Bezug auf die Zielgruppe sind wie oben beschrieben demografische Daten wichtig. Es muss zudem geklärt werden, was die Zielgruppe erwartet, was für ein Erlebnis sie bevorzugt und welcher Raum dazu passt (Party Rent Group, 2015, S. 5). Handelt es sich bei dem Event um ein Business Event, dann sollte geklärt werden, wie das Unternehmen wahrgenommen werden will (Corporate Identity) bzw. wie sich das Unternehmen z. B. mit Farben und Formen nach außen darstellt (Corporate Design). Es muss geprüft werden, welche Form der Location zum Style des Unternehmens passt. Hierfür sind z. B. Styleguides des Unternehmens hilfreich (Party Rent Group, 2015, S. 5).

Auswahl von Eventlocations

3

> **In diesem Kapitel erhalten Sie einen Überblick über ...**
>
> - Die kritischen Kriterien, die bei der Auswahl des richtigen Veranstaltungsortes zu berücksichtigen sind, einschließlich Zugänglichkeit, Lagerflächen, Auf- und Abbauzeiten, Bodenbeschaffenheit und Kosten
> - Eine Analyse der Art des gewünschten Veranstaltungsortes, um potenziell geeignete Standorte zu ermitteln
> - Die Möglichkeiten, wie eine Liste potenzieller Standorte erstellt und verfeinert werden kann, um eine fundierte Entscheidung zu treffen, und wie eine Entscheidungsmatrix den Auswahlprozess unterstützen kann
> - Die Nutzwertanalyse als Methode für die Standortauswahl, wobei die Gewichtung der verschiedenen Kriterien berücksichtigt wird
> - Eine persönliche Ortsbesichtigung, um sicherzustellen, dass der ausgewählte Veranstaltungsort den Anforderungen und Zielen einer Veranstaltung entspricht

3.1 Kriterien für die Auswahl der Location

Bei der Auswahl der passenden Eventlocation müssen viele Kriterien beachtet werden. Beispielhaft werden einige Kriterien genannt, die für eine erste Prüfung der Location wichtig sein können (eventpartner, o. J.):

- Zielgruppen und Kundensegmente: Für welche Zielgruppen und Kunden wurde das Event konzipiert und welche Bedürfnisse und Ansprüche hat diese Zielgruppe?
- Raum- und Ausstattungsbedarf: Welchen Bedarf gibt es in Bezug auf Größe, Ausstattung, Ambiente, Anzahl der Räumlichkeiten und Infrastruktur für das Event?
- Vortragsräume: Wie sind die Raumverhältnisse vor Ort? Sind die Vortragsräume ausreichend mit Tageslicht versorgt und gut belüftet? Sind sie akustisch abtrennbar?
- Tagungstechnik: Wird vor Ort ausreichende und moderne sowie funktionale Tagungstechnik bereitgestellt, die den Anforderungen entspricht?
- Peripherieräume: Welche zusätzlichen Räume wie Servicebüros, Aufenthaltsräume für das Team, Lager oder Arbeitsräume gibt es?
- Sponsorenauftritt: Gibt es genügend Möglichkeiten, auf eventuell vorhandene Sponsoren hinzuweisen? Gibt es z. B. die Chance, Banner aufzuhängen oder Präsentationsflächen bereitzustellen?
- An- und Abreise der Gäste: Gibt es genügend Parkplätze und ist die Location verkehrstechnisch günstig gelegen?
- Raummiete: Was beinhaltet die Raummiete? Ist alles inbegriffen oder müssen Heizkosten, Reinigung oder Technik zusätzlich bezahlt werden?

Speziell bei großen und/oder bei aufwändigen Baumaßnahmen wie z. B. bei temporären Eventlocations müssen ausreichende Anfahrtmöglichkeiten für die entsprechenden Transportmittel und Lkws bedacht werden. Zudem sind Zufahrten, Rangier- und Parkmöglichkeiten vor Ort zu prüfen (Baumann, 2022). Auch muss bedacht werden, ob eventuell für temporäre Eventlocations Lagerflächen für die Bauteile der Eventlocation bereitgestellt werden müssen. Speziell bei temporären Bauten muss analysiert werden, ob am Veranstaltungsort genügend Zeit für den Auf- und Abbau vorhanden ist (Koch, 2019). Bei temporären Bauten muss zudem auf den Untergrund geachtet werden. Es ist daher wichtig, sich mit Themen wie einem ebenen und befahrbaren Boden und der Bodentragfähigkeit von Hallen auseinander zu setzen. Im Außenbereich spielt die Bodenbeschaffenheit wie Asphalt oder Pflasterung eine Rolle. Statische Berechnungen können notwendig werden und sollten in die Planung eingebunden werden, denn wenn keine ausreichende Belastbarkeit des Bodens vorliegt, können Bodenschutz- oder Lastverteilungsplatten sowie Schotterverfüllungen zum Einsatz kommen (Kothe, 2018).

Abhängig von der jeweiligen Veranstaltung und den Merkmalen des Veranstaltungsortes können folgende Faktoren von Bedeutung sein (Bowdin et al., 2023, S. 543):

- Umgebung: Kann die Umgebung in die Veranstaltung einbezogen werden, um schon vor dem Betreten des Geländes oder des Veranstaltungsortes den Spannungsbogen zu erhöhen und Neugierde zu erzeugen?
- Art der Aktivitäten: Ist die Location für die während des Events geplanten Aktivitäten geeignet?
- Gleichgewicht des Raums: Wie wirkt das Gleichgewicht zwischen leerem und möbliertem Raum?
- Infrastruktur: Vorab sollte geprüft werden, ob die notwendige Infrastruktur wie Internetanschluss, Sanitäranlagen usw. vorhanden sind.
- Besucherströme sollten sinnvoll geleitet werden.
- Betriebliche Abläufe: Auch während des Events muss das Bewegen des eigenen Materials und Personals von A nach B möglich sein.
- Freier Blick: Die Besucher müssen die Präsentationen oder Aufführungen optimal sehen können.
- Bestuhlung: Es gibt feste oder herausnehmbare Sitzmöglichkeiten und verschiedenste Möglichkeiten der Anordnung der Sitze. Es muss vorab geprüft werden, ob die Location zu der geplanten Bestuhlung passt oder ob das Bestuhlungskonzept angeglichen werden kann.
- Stehplätze: Auch Stehplätze können z. B. bei Konzerten eine Rolle spielen und müssen eingeplant werden.
- Zugänglichkeit: Im Sinne der Inklusion sollte der Zugang für Menschen mit körperlichen Einschränkungen/Beeinträchtigungen möglich sein. Zudem sollte der schnelle Zugang zur Location für Notdienste möglich sein.

Bevor der Auswahlprozess startet, empfiehlt sich eine genaue Analyse, welche Art von Location benötigt wird. Wenn die wesentlichen Kriterien bekannt sind, kann mit einer ersten Recherche im Internet begonnen werden (Anderson, 2010, S. 127). Bei der Analyse der Internetseiten kann schnell festgestellt werden, ob die Location grundsätzlich der Eventidee entspricht und der Eventmanager kann sich einen Überblick über die Architektur und Ausstattung verschaffen (Kiel & Bäuchl, 2014, S. 46). Danach kann eine Liste mit möglichen Locations erstellt und immer weiter verfeinert werden. Aus der Analyse sollten ca. fünf mögliche Locations herausgefiltert werden, mit denen weiter gearbeitet werden kann (Anderson, 2010, S. 127).

Einige Eventlocations wie Hotels bieten mittlerweile die Möglichkeit, eine virtuelle Planung durch Kapazitätsabfragen per Internet durchzuführen (Kiel & Bäuchl, 2014, S. 46).

Anhand der gesammelten Informationen kann die Auswahl weiter eingeschränkt werden und die besten Veranstaltungsorte herausgefiltert werden. Bevor eine endgültige Entscheidung getroffen wird, ist es ratsam, jeden dieser Veranstaltungsorte persönlich zu besuchen (Anderson, 2010, S. 127).

Eventmanager müssen auch Kompromisse eingehen, da selten ein Veranstaltungsort alle Anforderungen erfüllen wird. Es sollten daher Prioritäten gesetzt werden, um herauszufinden, welche Elemente der Veranstaltung am wichtigsten sind, da dies die endgültige Entscheidung erleichtert (Anderson, 2010, S. 127).

3.2   Kosten-Nutzen-Untersuchungen

Wesentlich ist die Frage nach dem Mietpreis. Hier muss geklärt werden, was im Mietpreis inbegriffen ist oder was für zusätzliche Kosten zur Verfügung gestellt werden kann (Kiel & Bäuchl, 2014, S. 44). Die vollständigen Nebenkosten sollten abgefragt werden (Henschel, 2010, S. 282). Zudem ist die Stornofrist der Location wichtig, falls es zu einer Absage des Events kommt (Kästle 2012, S. 48). Auch die Zahlungsbedingungen sollten vorab ermittelt werden (Henschel, 2010, S. 282). Ein Studie aus dem Jahr 2020 ergab, dass 7 % des Eventbudgets bei Meetings für die Raummiete gezahlt werden (Russel, 2020, S. 9). Insgesamt sollte ein Puffer für unvorhergesehenen Mehrbedarf einkalkuliert werden. Es gibt Räume, die kaum verändert werden müssen, da sie zum Konzept passen. Andere Räume werden mit Um- und Aufbauten an das Konzept angepasst. Dies zeigt sich auch bei den Kosten für die Location (Wedekind & Harries, 2005, S. 98). In Bezug auf den Event sind auch weitere Kosten, die sich durch die Location ergeben, wichtig. Das sogenannte Korkengeld muss einkalkuliert werden, wenn die Location an einen Caterer gebunden ist und dieser das alleinige Nutzungsrecht in Bezug auf gastronomische Leistungen vor Ort hat. Wenn für den Event aber ein anderer Caterer eingesetzt werden soll, so muss eine Ablösesumme gezahlt werden, die als Korkengeld bezeichnet wird (Henschel, 2010, S. 116). Für die Kalkulation sollte zudem beachtet werden, welche Facility Services wie Einlass, Garderobe oder Haustechnik (Sakschewski & Paul, 2017, S. 159) vor Ort vorhanden sind. Gegebenenfalls können dadurch eigene Services eingespart werden, was sich positiv auf das Budget auswirken kann.

Wenn eine Auswahl an Eventlocations vorliegt, kann eine Entscheidungsmatrix hilfreich sein, die Auswahl weiter einzugrenzen (Siehe Tab. 3.1). Die

Tab. 3.1 Entscheidungsmatrix (eigene Darstellung)

	Gewichtung	Location 1		Location 2		Location ...	
		Punkte	Nutz-wert	Punkte	Nutz-wert	Punkte	Nutz-wert
Kriterium 1							
Kriterium 2							
Kriterium 3							
Kriterium ...							
Nutzwert gesamt							

Entscheidungsmatrix ist ein Schema, das die Kriterien zur Entscheidungsfindung systematisch zueinander in Beziehung setzt (Wetterer, 2005, S. 58). Die alternativen Eventlocations werden aufgelistet und im Kontext mit den für den Event notwendigen Kriterien (z. B. Nähe zum Flughafen oder Höhe der Miete) in Verbindung gebracht und bewertet.

Die Bewertung kann z. B. auf einer Skala von 1 (keine Erfüllung des Kriteriums) bis 5 (hoher Erfüllungsgrad des Kriteriums) bewertet werden. Die Location mit den meisten Punkten ist die Location mit dem besten Location-Fit.

Die Entscheidungsmatrix kann für komplexe Themen um eine Gewichtung ergänzt werden (Wetterer, 2005, S. 58). Daraus entsteht eine sogenannte Nutzwertanalyse oder Scoringverfahren (Vgl. Tab. 3.2). Dies ist eine Methode zum Vergleich verschiedener Alternativen (Holzbaur et al., 2010, S. 181). Die Analyse kann wie auch die Entscheidungsmatrix für die Bewertung verschiedener Locations genutzt werden. Das heißt, dass neben dem jeweiligen Erfüllungsgrad des Kriteriums auch die Gewichtung des Kriteriums eingetragen wird. Dies bedeutet, dass ebenfalls auf einer Skala von 1 bis 5 festgelegt wird, wie wichtig das jeweilige Kriterium für den Event ist. Auf der Skala steht die 1 für „nicht wichtig" und die 5 für „sehr wichtig". Die Werte werden multipliziert und dies ergibt den Nutzwert. Die Location mit dem höchsten Nutzwert erfüllt die Kriterien des Events am besten (Vgl. Tab. 3.3).

Die Nutzwertanalyse wird eingesetzt, wenn die Bewertungskriterien nicht monetär zu messen und zu vergleichen sind (Pfnür, 2011, S. 72). Ein kombiniertes Verfahren aus Nutzwertanalyse und monetärer Berechnung bietet den Vorteil, dass sowohl quantitative als auch qualitative Kriterien in der Entscheidungsfindung berücksichtigt werden (Pfnür, 2011, S. 74).

Beispiel: Fachkonferenz zum Thema „Vegane Systemgastronomie" mit Fachausstellung zum Thema Foodtrucks und Networking-Möglichkeiten. Die Berechnung des Nutzwertes ergibt, dass sich die Location 2 mit einem Nutzwert von

Tab. 3.2 Nutzwertanalyse (eigene Darstellung)

	Gewichtung	Location 1		Location 2		Location ...	
		Punkte	Nutzwert	Punkte	Nutzwert	Punkte	Nutzwert
Kriterium 1							
Kriterium 2							
Kriterium 3							
Kriterium ...							
Nutzwert gesamt							

Tab. 3.3 Nutzwertanalyse – Beispiel (eigene Darstellung)

Kriterien	Gewichtung	Location 1		Location 2		Location 3		Location ...	
		Punkte	Nutzwert	Punkte	Nutzwert	Punkte	Nutzwert	Punkte	Nutzwert
Außenfläche für Fachausstellung	5	3	15	4	20	2	10	4	20
Mietpreis	4	2	8	2	8	1	4	2	8
Bereich für Get-together	5	5	25	2	10	3	15	1	5
Verkehrs-anbindung	4	2	8	5	20	2	8	4	16
Zentrale Lage in Deutschland	3	2	6	3	9	1	3	5	15
Nutzwert gesamt			62		67		40		64

67 am besten für die Fachkonferenz eignet. Zu beachten ist, dass in der Praxis die Liste der Kriterien meist weitaus ausführlicher und länger ist als in dem vereinfachten Beispiel.

Die Nutzwertanalyse ist ein effektives Instrument zur systematischen Bewertung von Alternativen. Dies unterstützt Eventmanager dabei, fundierte Entscheidungen in Bezug auf eine geeignete Location zu treffen.

3.3   Site Inspection

Hat eine Vorauswahl der verfügbaren Eventlocations stattgefunden, schaut sich der Eventmanager die entsprechenden Eventlocations vor Ort an. Bei dieser Begehung verschafft sich der Eventmanager einen konkreten Eindruck von der Location. Dieser Vorgang nennt sich Site Inspection (Kiel & Bäuchl, 2014, S. 43) oder Site Visit. Bereits in der Phase der Planung des Events sollte in der Location mit den Verantwortlichen über die Raumplanung, Gestaltung und Nutzung diskutiert werden (Jäger, 2021, S. 159).

Durch Informationen von den Webseiten der Locations oder aus Tagungsplanern lassen sich wichtige Daten und Eindrücke für eine erste Vorauswahl der Locations gewinnen, ohne dass eine Besichtigung stattfinden muss. Es ist jedoch zu beachten, dass auch eine sehr detaillierte Beschreibung oder Fotos eine persönliche Besichtigung vor Ort nicht ersetzen können. Bei einer Vor-Ort-Besichtigung wird schnell deutlich, ob die Räumlichkeiten und das Personal den individuellen Vorstellungen und Anforderungen genügen (eventpartner, o. J.). Eine Auswahl nur anhand von Internetseiten oder Katalogen ist nicht sinnvoll, da der Raum auf Fotos anders wirken kann als in der Realität (Rousseaux, o. J.).

Bei der Site Inspection werden folgende Punkte näher betrachtet (Kiel & Bäuchl, 2014, S. 44):

- Platz- und Lichtverhältnisse
- Raumaufteilung
- Akustik
- Raumeindrücke
- Stromversorgung
- Verkehrserschließung
- Details zu bereits stattgefundenen Events
- Vorgaben des Locationanbieters
- Kennenlernen des Personals und dessen Kompetenzen

Je nach Event kann es sinnvoll sein, zu der Site Inspection bereits Dienstleister wie z. B. Caterer mitzunehmen. Es kann aber auch ein alternativer Termin für eine Site Inspection mit den Dienstleistern vereinbart werden (Kiel & Bäuchl, 2014, S. 44).

Ziel der Site Inspection ist es, den Aufbau und Ablauf vor Ort zu verbessern (Jäger, 2021, S. 159) und die Qualität der Leistungen der Location einschätzen zu können (Wedekind & Harries, 2005, S. 34). Aber auch logistische Gründe können wichtig sein. So können Laufwege getestet oder Entfernungen geprüft werden.

Auch Gefahrenstellen wie z. B. Stolperfallen können entdeckt werden. Wichtig ist zudem, dass durch die Site Inspection deutlich wird, ob der Raum konzeptionell passend ist und wie er gestaltet und inszeniert werden kann (Rousseaux, o. J.). Wenn zwischen der Site Inspection und dem Veranstaltungstermin eine längere Zeitspanne liegt, kann auch eine weitere Site Inspection sinnvoll sein, die kurz vor dem Event durchgeführt werden sollte (Rousseaux, o. J.).

Die Site Inspection selbst ist mit Kosten verbunden, die bei der Kostenplanung des Events berücksichtigt werden müssen. Dabei handelt es sich um Fahrtkosten, Übernachtungskosten, Bewirtungskosten sowie Personalkosten (Wedekind & Harries, 2005, S. 34). Diese Kosten lohnen sich allerdings, da die Site Inspection die Eignung des Raums sicherstellt und so Kosten von Fehlplanungen eingespart werden können (Rousseaux, o. J.).

Physical Facilities/Environment

4

In diesem Kapitel erhalten Sie einen Überblick über …

- Die Bedeutung der Hardware einer Veranstaltung, einschließlich der Wege, Gebäude und der strukturellen Infrastruktur
- Die wesentlichen Kriterien bei der Auswahl eines Veranstaltungsortes, wie z. B. Umweltfreundlichkeit und Zugänglichkeit
- Die Erreichbarkeit eines Veranstaltungsortes für die Teilnehmer, einschließlich Flughafen, Bahnhöfe und Parkmöglichkeiten
- Die Aspekte der Infrastruktur, die bei der Planung einer Veranstaltung berücksichtigt werden müssen, wie z. B. Anlieferung, Besucherströme, Beschilderung und WLAN-Versorgung
- Die Nachhaltigkeitsaspekte im Zusammenhang mit Veranstaltungsorten, einschließlich ökologischer und sozialer Aspekte

4.1 Infrastruktur

Als Hardware des Events wird die feste Infrastruktur der Location bezeichnet. Wege, Gebäude und die bauliche Infrastruktur fallen unter diesen Bereich. Wesentliche Kriterien sind diesbezüglich die Barrierefreiheit und Umweltfreundlichkeit, aber auch die Erreichbarkeit der Location. Davon abzugrenzen ist die notwendige Infrastruktur wie Toiletten oder Lärmschutz (Holzbaur, 2016, S. 238).

Die Eventorganisation kann mit einem hohen Aufwand in Bezug auf die für den Erfolg notwendigen Einrichtungen verbunden sein. Es müssen verschiedene konkrete Anforderungen berücksichtigt werden, unabhängig davon, ob es sich

K. Sommer, *Locationmanagement für die Eventkonzeption*, essentials, https://doi.org/10.1007/978-3-658-43928-6_4

um eine Tagung oder ein Konzert, einen kleinen oder großen Event handelt (Tassiopoulos & Damster, 2006, S. 141).

Grundsätzlich muss vor der Festlegung einer Location geprüft werden, ob der Standort für die Teilnehmer des Events überhaupt erreichbar ist (Kästle, 2012, S. 47). Je nach Zielgruppe muss es einen Flughafen, eine Bahnstation oder einen ÖPNV-Anschluss geben. Wenn die Teilnehmer mit dem Pkw anreisen, müssen genügend Parkflächen vorhanden sein. Aber auch Mitarbeiter, Akteure und Dienstleister benötigen genügend Parkfläche für ihre Fahrzeuge. Fahrradabstellplätze sollten dabei nicht vergessen werden (Bowdin et al., 2023, S. 543).

Die Infrastruktur umfasst unter anderem die folgenden Aspekte (Holzbaur, 2015, S. 41):

- Zugänge und Logistik, Anreise
- Sichtbarkeit und Begrenzung
- Toiletten und Entsorgung
- Sauberkeit und Hygiene
- Umwelt- und Naturschutz

Daneben gilt es zu prüfen, ob Anlieferungen für den Event problemlos erfolgen können (Kästle, 2012, S. 47). Es ist also wichtig, vorab zu analysieren, ob die Zufahrtstraßen für die notwendigen Fahrzeuge (z. B. LKW, Tourneebus oder Sprinter) zugänglich sind. Zudem muss eine Anlieferung an der Location direkt möglich sein. Hierfür sollten Liefereingänge, Rampen, Aufzüge oder Treppen geprüft werden. Be- und Entlademöglichkeiten sowie die Länge und Breite von Zufahrtswegen spielen hierbei ebenfalls eine Rolle (Koch, 2018).

Die Location sollte dahingehend geprüft werden, dass erwartete Besucherströme sinnvoll geleitet werden können. Wie gestalten sich Gehwege, Pfade und Gänge unter Berücksichtigung des Veranstaltungszwecks und der betrieblichen Effizienz? Das sind wesentliche Fragen, die vorab geklärt werden sollten. Schon bei den Vorüberlegungen sollte daher über die notwendige Breite der Wege (auch unter Sicherheitsgesichtspunkten) nachgedacht werden (Bowdin et al., 2023, S. 543). Danach richtet sich auch der Bedarf an Beschilderung oder (Außen-) Beleuchtung. Diese Faktoren sollten schon während der Site Inspection geprüft werden.

Neben den Besucherströmen muss auch das Bewegen des eigenen Equipments bedacht werden. Ausrüstung, Material, Personal und Künstler müssen während des Events zwischen den verschiedenen Bereichen bewegt werden (Bowdin et al., 2023, S. 543).

Zur Leitung von Besucherströmen, aber auch zur Orientierung für andere Gruppen wie Lieferanten, sollte eine Beschilderung und bei Groß- und Mega-Events sogar ein Leitsystem vorhanden sein.

Weitere wichtige Infrastruktur, auf die je nach Event geachtet werden sollte, bezieht sich vor allem auf den Innenraum. Beispiele sind (Bowdin et al., 2023, S. 543): Toiletten und ggf. Duschen, Wasserstationen, Stromquellen, Abfallentsorgung, Möglichkeiten für ein Backoffice (Büro), Lagerflächen für Ausrüstung, zusätzliche mobile Bauten wie Zelte, Bereiche für Speisen und Getränke, Anmeldeschalter/Ticketschalter, passende Bereiche für Ein- und Ausgänge, ggf. Sperrbereiche, Umkleideräume für Darsteller, Plenar- und Breakout-Räume. Eine Garderobe in Selbstorganisation oder mit Personal ist wichtig. Bei z. B. Konferenzen oder Kongressen lohnt sich eine besetzte Garderobe, an der Kleidung und Reisegepäck der Teilnehmer sicher und zentral aufbewahrt werden können (Knoll, 2016, S. 40).

Für Formate wie Barcamps ist ein funktionierendes WLAN essenziell. Insbesondere für Eventformate, bei denen viel gebloggt, gepostet und online geteilt werden soll, ist eine schnelle, sichere und belastbare Internetverbindung sicherzustellen. Ein stabiles WLAN ist in diesem Fall unabdingbar (Knoll, 2016, S. 39).

Es gibt Events, die an die Location angepasst werden, aber es gibt auch den Fall, dass die Location mit ihrer Infrastruktur an den jeweiligen Event angepasst wird (Flaig & Kill, 2004, S. 69). So wird z. B. für die Olympischen Spiele die Infrastruktur der Austragungsorte an den Event angepasst.

Es lassen sich bezüglich der Infrastruktur drei Grundformen von Events unterscheiden (Flaig & Kill, 2004, S. 69):

- Event auf einem Eventplatz: Diese Eventform findet regelmäßig statt und nutzt teilweise sogar die gleiche Location wie Stadien oder Festplätze. Es können auch Routineveranstaltungen mit einem Dauergelände sein.
- Event an mehreren Locations: Diese Eventform dauert meist mehrere Wochen und wird durch eine große Teilnehmerzahl charakterisiert. Dazu gehören große Sportveranstaltungen bis hin zu den Olympischen Spielen oder Gartenschauen.
- Bewegungsevents: Diese Events zeichnen sich durch eine hohe Mobilität aus. Dabei stellen sie aber keine eventspezifischen infrastrukturellen Anforderungen, da sie auch an entlegene Locations ausgelagert werden können. Hierzu gehören kulturelle Veranstaltungen oder Sportveranstaltungen wie Marathonläufe oder Festivals.

Sonderveranstaltungen, die im öffentlichen Raum stattfinden, können mit ihren Auswirkungen wie Einschränkungen in der Bewegungsfreiheit, Lärm, Wartezeiten für die Anwohner und Bewohner einer Stadt belästigend wirken. Daher wird die Bereitschaft, solche Events zu akzeptieren, sinken (Flaig & Kill, 2004, S. 71).

4.2 Technik

Unterscheiden lässt sich grundsätzlich Technik, die für die Durchführung des Events benötigt wird wie z. B. Haustechnik oder Gebäudetechnik sowie Technik zur Gestaltung von Events (Syhre & Luppold, 2018, S. 2). Haustechnik umfasst alle technischen Einrichtungen, die zur Grundausstattung eines Gebäudes gezählt werden. Dies wird als Technische Gebäudeausrüstung oder kurz TGA bezeichnet (Syhre & Luppold, 2018, S. 7). Wichtig sind auch brandschutztechnische Anlagen wie Sprinkleranlagen oder Brandschutztore (Syhre & Luppold, 2018, S. 9).

Bei der Technik zur Gestaltung von Events lassen sich verschiedene Elemente identifizieren, die ineinander greifen und z. B. die folgenden Aspekte umfassen (Syhre & Luppold, 2018, S. 3):

- Bühnentechnik
- Beschallungstechnik
- Beleuchtungstechnik
- Projektionstechnik sowie Bild- und Videotechnik
- Netzwerktechnik

Bei der Nutzung von Veranstaltungstechnik gibt es drei Möglichkeiten:

- Nutzung eigener Technik, die mitgebracht wird,
- Nutzung von Technik, die vor Ort vom zuständigen Facility Management der Location betrieben wird,
- Nutzung eines Fremddienstleisters, der die Technik vor Ort aufbaut und betreibt.

Bei der Nutzung eigener Technik ist zu beachten, dass die entsprechenden Anschlüsse wie Strom oder Internet vor Ort vorhanden sind und zum Anschließen und zum Betrieb der Technik nur befugtes Personal zum Einsatz kommt (Moroff & Luppold, 2018, S. 6).

Wenn die Technik, die vor Ort in der Location vorhanden ist, genutzt werden soll, muss vor der Auswahl der Location mit dem zuständigen Facility Management der ordnungsgemäße Zustand und die Funktionsfähigkeit der Technik geprüft werden. Die Technik sollte den Vorgaben der Gesellschaft für Facility Management (GEFMA) entsprechen (Moroff & Luppold, 2018, S. 6).

Wenn ein Fremddienstleister die Technik verantwortet, muss sichergestellt werden, dass die Technik qualifiziert geplant und auf die Location abgestimmt eingesetzt wird (Moroff & Luppold, 2018, S. 6).

Bei der Verlegung von Kabeln ist in allen Fällen auf die Vermeidung von Stolperfallen und die Freihaltung von Fluchtwegen zu achten (Moroff & Luppold, 2018, S. 6).

Beispiele für weiteres notwendiges Equipment sind (Bowdin et al., 2023, S. 543): WiFi-Zugang, Stromquellen, Beleuchtungstürme, Ausrüstung wie z. B. Tonpulte oder Beamer.

4.3 Nachhaltigkeit

Eine Studie aus dem Jahr 2016 unter 124 Mitarbeitenden von Veranstaltungsstätten ergab, dass Eventlocations alle drei Nachhaltigkeitsdimensionen erfüllen. Speziell die ökonomischen Kriterien sowie die soziale Dimension (z. B. fairer Umgang mit Mitarbeitern) zeigen einen hohen Grad der Erfüllung. Dies ist nicht überraschend, da beide Bereiche den unternehmerischen Erfolg beeinflussen. Nur die Kriterien der sozialen Dimension, die sich auf das Wohlergehen externer Stakeholder konzentriert (z. B. Unterstützung sozialer Projekte), sind nicht stark ausgeprägt. Einen geringeren Grad der Erfüllung weisen die für die Studie befragten Unternehmen auch in Bezug auf die ökologische Dimension der Nachhaltigkeit auf (Drengner & Griese, 2016, S. 126 f.).

Nur bei 30,9 % der Events handelte es sich um nachhaltige Events. Nur 14,1 % der befragten Unternehmen verfügte über eine Quote zwischen 75 bis 100 % in Bezug auf die Durchführung nachhaltiger Events. Obwohl diese Zahlen noch nicht für eine ausgeprägte Verfolgung nachhaltiger Ziele in Bezug auf Events stehen, bewerteten die Unternehmen das Thema Nachhaltigkeit als Instrument, um sich von den Wettbewerbern abzugrenzen (Drengner & Griese, 2016, S. 129). Insgesamt besteht vor allem in Bezug auf die ökologische Dimension der Nachhaltigkeit noch Potenzial.

Merkmale einer nachhaltigen Versammlungsstätte sind nach der Deutschen Gesellschaft für Nachhaltiges Bauen (DGNB) folgende Kriterien (DGNB, o. J.):

- Beitrag zum Klimaschutz durch verringerten Ausstoß klimaschädlicher Gase über den gesamten Lebenszyklus hinweg
- Hoher Komfort
- Erhöhtes Wohlbefinden
- Gesteigerte Attraktivität für Mitarbeitende und damit einhergehende gesteigerte Produktivität und Leistungsfähigkeit der Mitarbeitenden
- Geringes Leerstandrisiko
- Hohe Gebäudeflexibilität durch z. B. einfachere Anpassungen bei Veränderungen (Betriebsprozesse; Personal)
- Geringere Kosten bei Umbauten
- Geringere Betriebs- und Instandsetzungskosten
- Vorteile beim Verkauf von Immobilien

Veranstaltungsstätten, die diese Kriterien erfüllen, können sich entsprechend zertifizieren lassen. Doch nicht nur bei dem Neubau von Veranstaltungsstätten, sondern auch bei der Sanierung kann Nachhaltigkeit eine Rolle spielen. Der EVVC (Europäischer Verband der Veranstaltungs-Centren e.V) hat ein Themenpapier mit Fach- und Hintergrundinformationen unter dem Titel „Energetische Sanierung in der Veranstaltungsbranche" veröffentlicht. Denn im Rahmen einer Studie, für die EVVC-Mitglieder befragt wurden, wurde herausgefunden, dass Veranstaltungshallen pro Jahr rund 300.000 t CO_2 ausstoßen, von denen rund 40 % durch die entsprechenden Sanierungsmaßnahmen eingespart werden könnten (EVVC, 2019, S. 3).

Doch wie wichtig ist das Thema Nachhaltigkeit für die Auswahl der Eventlocation? Eine Studie[1] mit 145 Fragebögen von Mitarbeitern von Locations ergab, dass vor allem die Erreichbarkeit (gute Verkehrsanbindung) der Location aus Sicht der Probanden für Kunden wichtig war (Bewertung 4,69[2]). Danach folgten die Räumlichkeiten mit ihren Kapazitäten und Ausstattungen (4,63) und das Preis-Leistungsverhältnis (4,61). Auf den letzten Plätzen des Rankings hingegen liegen die soziale Nachhaltigkeit (3,34), die Tagungspauschalen (3,19) sowie die ökologische Nachhaltigkeit (2,96). Nachhaltigkeit spielt somit eine untergeordnete Rolle bei den Kunden der Veranstaltungsstätten (Drengner & Griese, 2016, S. 128).

---

[1] Die Studie ist bereits etwas älter, die Situation könnte sich mittlerweile verändert haben, da das Thema Nachhaltigkeit durch den Klimawandel stärker in den gesellschaftlichen Fokus gerückt ist.

[2] Auf einer Skala von sehr wichtig (5) bis völlig unwichtig (1).

Mit dem Begriff Nachhaltigkeit verbinden die meisten Mitarbeiter von Veranstaltungsstätten eine klimafreundliche An- und Abreise (16,5 %) und einen bewussten Umgang mit Ressourcen (14,1 %). Nur 4,5 % assoziieren damit ein nachhaltiges Gebäudekonzept (Drengner & Griese, 2016, S. 125).

Sicherheit 5

In diesem Kapitel erhalten Sie einen Überblick über …

- Die rechtlichen und sicherheitstechnischen Anforderungen bei der Auswahl von Veranstaltungsorten
- Die Vielfalt der behördlichen Genehmigungsverfahren für Veranstaltungen
- Die regionalen Unterschiede und die Variabilität der Vorschriften für Veranstaltungen, insbesondere in Bezug auf die Anmeldung bei der Feuerwehr
- Die spezifischen Sicherheitsaspekte des Brandschutzes, einschließlich baulicher Maßnahmen und Vorkehrungen zum Umgang mit Brandherden und brennbaren Stoffen
- Die besonderen Vorschriften und behördlichen Zuständigkeiten für temporäre Bauten wie fliegende Bauten auf öffentlichen Wegen und Plätzen und auf dem Wasser

5.1 Gesetzliche Vorschriften

Bei der Auswahl der passenden Location sind kaum Grenzen gesetzt. Allerdings müssen rechtliche und sicherheitstechnische Vorschriften sowie behördliche Genehmigungspflichten beachtet werden (Henschel, 2010, S. 125). Dies ist eine Herausforderung, da die jeweiligen Veranstaltungskonzepte und Locations sehr heterogen sind und somit Bedrohungen und Gefährdungen immer individuell

K. Sommer, *Locationmanagement für die Eventkonzeption*, essentials,
https://doi.org/10.1007/978-3-658-43928-6_5

betrachtet werden müssen, was ein interdisziplinäres Wissen auf Seiten der Veranstalter bedingt (Gundel, 2017).

Die genauen Vorschriften zur Anmeldung von Veranstaltungen bei der Feuerwehr können von Land zu Land und sogar von Stadt zu Stadt variieren. Es ist wichtig, die örtlichen Vorschriften und Regelungen zu beachten (z. B. Landesverordnung über den Bau und Betrieb von Versammlungsstätten (Versammlungsstättenverordnung) des jeweiligen Bundeslandes). Allgemein gilt jedoch, dass Veranstaltungen, bei denen eine erhöhte Brand- oder Sicherheitsgefahr besteht, in der Regel bei der örtlichen Feuerwehr angemeldet werden müssen.

Beispiel Schleswig–Holstein: In der VStättVO vom 06.09.2022 ist in § 41 das Thema Brandsicherheitswache, Sanitäts- und Rettungsdienst verortet. So muss z. B. bei jeder Veranstaltung mit einer Großbühne (mehr als 200 qm) eine Brandsicherheitswache der Feuerwehr anwesend sein. Außerdem müssen Veranstaltungen mit mehr als 5000 Besuchern der für Sanitäts- und Rettungsdienst zuständigen Behörde rechtzeitig gemeldet werden.

Aber die Vorgaben können sich wie erwähnt von Bundesland zu Bundesland unterscheiden. Um sicherzugehen, welche Vorschriften für die Veranstaltung gelten, sollten sich Eventmanager zur Sicherheit direkt an die örtliche Feuerwehr oder die zuständigen Behörden wenden. Sie können genaue Informationen darüber geben, ab wann und unter welchen Umständen eine Veranstaltung angemeldet werden muss.

Es spielen weitere Rechtsvorschriften und Genehmigungen eine Rolle in Bezug auf Events (Henschel, 2010, S. 42):

1. Versammlungsrecht
2. Versammlungsstättenverordnung
3. Gewerbeordnung
4. Baurecht
5. Brandschutz
6. Sondernutzungsgenehmigungen
7. Straßenverkehrsrecht
8. Landesimmissionsschutzgesetz
9. Bundesseuchengesetz
10. Arbeitszeitgesetz
11. Sperrstunde
12. Feiertagsregelung

Die wesentlichen Grundlagen für den Umgang, die Verwendung und den Einsatz von Veranstaltungstechnik sind den Unfallverhütungsvorschriften der Unfallversicherungsträger zu entnehmen (Syhre & Luppold, 2018, S. 63).

Bei Groß- oder Mega-Events ist das sogenannte Crowd Management, also die Steuerung der Besucherströme, ein wichtiger Sicherheitsaspekt, der von notwendigen Security-Maßnahmen flankiert werden muss. Hierzu gibt es meist nur rudimentäre Regelungen und es bedarf einer Absprache mit Aufsichtsbehörden und Organisationen mit Sicherheitsaufgaben (Gundel, 2017).

In der Versammlungsstättenverordnung (VStättVO) sind die Bauvorschriften für Theater, Versammlungsstätten und ähnliche bauliche Anlagen geregelt. Nach der Versammlungsstättenverordnung müssen bei allen Veranstaltungen bestimmte Mindestanforderungen beachtet werden, um Gefahren für die öffentliche Sicherheit zu vermeiden. Die Vorschriften der Versammlungsstättenverordnung werden in den einzelnen Bundesländern nach Maßgabe der Landesbauordnungen festgelegt. Um bundesweit einheitliche Regelungen zu gewährleisten, hat die ARGEBAU[1] die sogenannte Muster-Versammlungsstättenverordnung veröffentlicht. Diese Muster-Versammlungsstättenverordnung dient als Orientierung und Leitfaden für die Vereinheitlichung der Regelungen (Henschel, 2010, S. 189).

Die Versammlungsstättenverordnung regelt u. a. folgende Bereiche (Henschel, 2010, S. 189):

- Bauvorschriften zur Errichtung einer Versammlungsstätte
- Einsatz von technischen Fachkräften
- Rettungswege
- Notausgänge
- Brandsicherheit
- Sicherheitsstromversorgung
- Sicherheitsbeleuchtungen
- Bestuhlungspläne

Wichtig ist, dass bei allen Aspekten einer Veranstaltung, sei es bei der Bestuhlung, der Dekoration, der Standgestaltung usw. die Brandschutzbestimmungen strikt eingehalten werden müssen. Aus diesem Grund sind beispielsweise nicht alle Möbel und Gegenstände für Veranstaltungen geeignet. Sowohl das verwendete Material als auch die Platzierung müssen beachtet werden (Party Rent Group, 2015, S. 20). Zum Brandschutz gehören alle Maßnahmen, die vor und während

---

[1] Arbeitsgemeinschaft der für Städtebau, Bau- und Wohnungswesen zuständigen Bauminister und Senatoren der Bundesländer.

des Events Brände verhindern oder einschränken sollen. Dabei stehen folgende
Aspekte im Fokus (Henschel, 2010, S. 51):

- bauliche Maßnahmen,
- Beschränkungen im Umgang mit Brandquellen,
- Beschränkungen im Umgang mit brennbaren Materialien,
- Aufenthaltsbeschränkungen für Personen,
- Unterweisungen und Schulungen für Brandfälle.

Je nach Art und Größe einer Veranstaltung muss geprüft werden, ob eine
Baugenehmigung nach der Bauordnung des jeweiligen Bundeslandes eingeholt
werden muss. Dabei ist zu beachten, dass jeder Veranstaltungsort, unabhängig
von seiner Größe, dem öffentlichen Baurecht unterliegt. Hierfür sind Nach-
weise erforderlich, wie z. B. ein Standsicherheitsnachweis bei Bühnenbauten.
Beim Bau und Betrieb von Versammlungsstätten sind auch die landesspezifischen
Versammlungsstättenverordnungen zu berücksichtigen (Henschel, 2010, S. 41).

Hat eine Versammlungsstätte mehr als 5000 Besucherplätze, muss ein Sicher-
heitskonzept vom Betreiber erstellt werden (Ebner, 2020, S. 34). Wenn eine
Location genutzt werden soll, die normalerweise keine Eventlocation ist, wie
z. B. ein Flugzeughangar oder eine Industrieanlage, dann liegt eine sogenannte
temporäre Nutzungsänderung vor und diese muss ggf. genehmigt werden (Ebner,
2020, S. 35).

Es gibt sogenannte fliegende Bauten. Dies sind Bauten, die wiederholt auf-
und wieder abgebaut werden können. Sie werden nicht dauerhaft betrieben und
nicht fest installiert. Für diese Bauten gibt es besondere Vorschriften, die in den
Landesbauordnungen (LBO), der Versammlungsstättenverordnung des jeweiligen
Landes oder in technischen Regeln und Normen festgelegt sind. Beispiel hierfür
sind Tribünen oder Bierzelte (Syhre & Luppold, 2018, S. 13).

Für Veranstaltungen auf öffentlichen Wegen und Plätzen muss eine Sondernutzungserlaubnis bei der zuständigen Straßenbaubehörde beantragt werden.
Die Gebühren und Regelungen für die Sondernutzungserlaubnis werden von der
jeweiligen Gemeinde festgelegt (Henschel, 2010, S. 170).

Ein Beispiel für Fehler bei der Sicherheit von Veranstaltungen ist die
Loveparade in Duisburg im Jahr 2010. Bei diesem Event kam es zu einer
Massenpanik mit vielen Verletzten und leider auch Toten. Hierfür waren u. a.
eine falsche Auswahl der Location kombiniert mit weiteren Fehlern wie z. B.
dem nicht ausreichenden Fluchtkonzept, zu wenig Sicherheitspersonal, keine
Kameraüberwachung oder Besucherzählung verantwortlich (Funke, 2012, S. 15).

5.2 Sicherheit von temporären Bauten

Speziell bei temporären Bauten ist es wichtig, dass das Bauwerk vor der Öffnung für Besucher genehmigt wird, z. B. im Hinblick auf Brandschutz und Prüfstatik (Koch, 2019). Temporäre Bauten unterstehen dem Baurecht (Kothe, 2018). Die Genehmigungsverfahren variieren dabei von Ort zu Ort. Fliegende Bauten, zu denen temporäre Eventlocations gehören (und nicht zum Hochbau), werden nach der DIN EN 13814 bemessen (Koch, 2019). Zu fliegenden Bauten gehören neben Zelten, Bühnen und Tribünen auch Belustigungs- und Fahrgeschäfte wie Achterbahnen und Karussells auf Volksfesten (Kothe, 2018). Der Name DIN EN zeigt, dass auch im europäischen Ausland diese Vorschriften Gültigkeit haben.

Bei dem Oktoberfest 2023 beispielsweise wurde die Sicherheit von temporären Bauten durch den TÜV geprüft. Mit 30 Prüfern war der TÜV schon zehn Wochen vor dem Start des Oktoberfestes vor Ort aktiv und prüfte Zelte und Fahrgeschäfte. Dabei klettern die Prüfer auf die Fahrgeschäfte und prüfen z. B. die Schweißnähte (Kaiser, 2023). Es gibt eine einmal im Jahr stattfindende grundsätzliche Prüfung der Fahrgeschäfte und eine Gebrauchsprüfung bei Auf- und Abbau, die beide normalerweise durch den TÜV erfolgen. Trotzdem gab es auf dem Oktoberfest einen Unfall in einem Fahrgeschäft mit acht leicht verletzten Besuchern. Schuld war vermutlich – trotz Prüfung – ein technischer Defekt (Süddeutsche Zeitung, 2023).

Bei temporären Bauten auf dem Wasser ist nicht die Baubehörde, sondern das jeweilige Wasserwirtschaftsamt zuständig. Die statischen Ansätze und technischen Ausführungen müssen allerdings auch bei temporären Bauten auf dem Wasser nach den Regeln für fliegende Bauten erfolgen. Bei einer Schwimmbühne aus gekoppelten Pontons muss beachtet werden, dass diese eine temporäre schwimmende Anlage ist, die vom jeweiligen Wasser- und Schifffahrtsamt zugelassen werden muss. Anders liegt der Fall, wenn z. B. Bühnen auf zugelassenen Binnenschiffen aufgebaut werden, die eine Schiffszulassung haben. In diesem Fall ist die Zulassung entsprechend der Schiffspapiere entscheidend. Wichtig ist, dass bei temporären Bauten auf dem Wasser weitere Behörden eine Rolle spielen können (Kothe, 2018). (Vgl. Abb. 5.1).

Bei diesen Behörden kann es sich um folgende Einrichtungen handeln (Kothe, 2018):

- Wasserschutzpolizei
- Natur- und Gewässerschutzbehörde
- Fischer und Angler (z. B. Angelverein)

Abb. 5.1 Beispiel für ein Event auf dem Wasser

In manchen Fällen können Unterwasser-Archäologen eine Rolle spielen. Sogar das Thema Kriegslasten kann ein Faktor sein. So ist es bei belasteten Gewässern notwendig, Marinetaucher in Anspruch zu nehmen, um Unterwasserarbeiten vorzunehmen (Kothe, 2018).

Zusammenfassung

Die Wahl des richtigen Veranstaltungsortes, auch Location genannt, ist entscheidend für die Konzeption eines Events. Der Veranstaltungsort muss den Anforderungen der Veranstaltung entsprechen und nicht nur die Anzahl der Teilnehmer aufnehmen, sondern auch zur gewünschten Atmosphäre und zum Stil beitragen. Je nach Art des Events, ob formell wie bei einer Preisverleihung oder informell wie bei einer Firmenfeier, sind die Anforderungen an die Location sehr unterschiedlich. Mit der Auswahl des richtigen Veranstaltungsortes sollte mindestens 12 Monate im Voraus begonnen werden, da viele beliebte Locations schon früh ausgebucht sind. Aspekte wie Zugang, Verpflegung, Bühnenausstattung und Budget müssen bei der Auswahl berücksichtigt werden. Auch die Bedürfnisse der Teilnehmer in Bezug auf Transport und Parkplätze sind zu berücksichtigen. Die Location spielt eine zentrale Rolle bei der Inszenierung des Events und trägt dazu bei, den Charakter der Veranstaltung zu prägen. Die Eventarchitektur umfasst sowohl strukturelle als auch flüchtige Elemente, die den Raum in eine Bühne für den Event verwandeln. Es ist wichtig, den gestalterischen Raum sorgfältig zu nutzen und dabei das Motto „weniger ist mehr" zu beachten, um die Konzentration der Teilnehmer nicht zu beeinträchtigen.

Es gibt verschiedene Arten von Locations, darunter Veranstaltungszentren, Eventlocations, Tagungshotels, SEL und temporäre Veranstaltungsorte. Diese unterscheiden sich in Bezug auf die Art der Events, die sie am besten unterstützen können.

Die Wahl der richtigen Location hängt von den Zielen, Botschaften und dem Zielpublikum der Veranstaltung ab. Ein strategischer Auswahlprozess, der diese Faktoren berücksichtigt, ist entscheidend. Es ist auch wichtig zu wissen, dass temporäre Veranstaltungsorte und mobile Strukturen eine flexible und nachhaltige

47

K. Sommer, *Locationmanagement für die Eventkonzeption*, essentials, https://doi.org/10.1007/978-3-658-43928-6_6

Option für Events sind. Die Wahl der richtigen Location erfordert eine sorgfältige Abwägung verschiedener Kriterien. Vor allem bei großen oder aufwendigen Events müssen Aspekte wie Zugänglichkeit, Lagerfläche, Auf- und Abbauzeit und Bodenbeschaffenheit berücksichtigt werden. Ein weiteres entscheidendes Kriterium sind die Kosten, einschließlich möglicher zusätzlicher Gebühren.

Bevor der Auswahlprozess beginnt, ist es wichtig, die Art der benötigten Location im Detail zu analysieren. Eine erste Internetrecherche kann helfen, potenziell geeignete Standorte zu identifizieren und einen ersten Eindruck von Architektur und Ausstattung zu gewinnen. Anschließend kann eine Liste möglicher Standorte erstellt und verfeinert werden, so dass etwa fünf Optionen übrigbleiben. Eine Entscheidungsmatrix kann bei der weiteren Eingrenzung der Auswahl hilfreich sein. Die Nutzwertanalyse ist eine weitere Methode, bei der auch die Gewichtung der Kriterien berücksichtigt wird. Nachdem eine Vorauswahl getroffen wurde, ist es ratsam, die ausgewählten Standorte persönlich zu besuchen. Diese Besichtigung ermöglicht es, sich einen konkreten Eindruck vom Standort zu verschaffen und zu prüfen, ob er den Anforderungen entspricht. Die Kosten für diese Site Inspection müssen bei der Kostenplanung berücksichtigt werden. Die Auswahl der richtigen Location ist ein entscheidender Schritt in der Eventkonzeption und erfordert eine gründliche Recherche, Analyse und Bewertung, um sicherzustellen, dass der gewählte Ort den Anforderungen und Zielen der Veranstaltung entspricht. Bei der Auswahl einer Location müssen Eventmanager außerdem eine Reihe von gesetzlichen Vorschriften und Sicherheitsanforderungen berücksichtigen, die von Ort zu Ort unterschiedlich sind. Dazu gehören Genehmigungen, Brandschutz, Bauvorschriften und andere gesetzliche Bestimmungen. Auch temporäre Bauten müssen bestimmten Vorschriften entsprechen, unabhängig davon, ob sie sich an Land oder auf dem Wasser befinden. Um sicherzustellen, dass alle Anforderungen erfüllt werden, ist es ratsam, sich direkt an die örtlichen Behörden zu wenden, um genaue Informationen zu erhalten und einen reibungslosen Ablauf des Events zu gewährleisten.

Schluss 7

Zusammenfassend lässt sich sagen, dass die Wahl der richtigen Location ein entscheidender Schritt bei der Eventkonzeption ist. Sie hat einen erheblichen Einfluss auf den Erfolg und die Atmosphäre eines Events. Gründliche Recherche, Analyse und Bewertung sind unerlässlich, um sicherzustellen, dass die gewählte Location den Anforderungen und Zielen des Events entspricht. Darüber hinaus müssen Eventmanager die örtlichen gesetzlichen Vorschriften und Sicherheitsanforderungen sorgfältig prüfen und einhalten, um einen reibungslosen Ablauf des Events zu gewährleisten. Die richtige Location kann dazu beitragen, dass der Event in guter Erinnerung bleibt und die Event-Ziele erreicht werden.

Abschließend erfahren Sie noch einmal zusammengefasst, was die wichtigsten Erkenntnisse aus diesem Essential sind.

© Der/die Autor(en), exklusiv lizenziert an Springer Fachmedien Wiesbaden 49
GmbH, ein Teil von Springer Nature 2024
K. Sommer, *Locationmanagement für die Eventkonzeption*, essentials,
https://doi.org/10.1007/978-3-658-43928-6_7

Was Sie aus diesem *essential* mitnehmen können

- Die Wahl des richtigen Veranstaltungsortes (Location) ist der Schlüssel zum Veranstaltungsdesign.
- Die Anforderungen an den Veranstaltungsort richten sich nach der Anzahl der Teilnehmer, der Atmosphäre und vor allem dem Eventkonzept.
- Frühzeitige Planung (mindestens 12 Monate im Voraus) kann aufgrund der hohen Nachfrage sinnvoll sein.
- Die Berücksichtigung von Zugang, Catering, Bühnenausstattung und Budget ist wichtig.
- Die Bedürfnisse der Teilnehmer in Bezug auf Transport und Parkplätze müssen beachtet werden.
- Der Veranstaltungsort spielt eine zentrale Rolle bei der Inszenierung und Gestaltung des Charakters der Veranstaltung.
- Es gibt unterschiedliche Arten von Veranstaltungsorten je nach Veranstaltungsziel und Publikum.
- Die gesetzlichen Vorschriften und Sicherheitsanforderungen bei der Auswahl des Veranstaltungsortes sind unbedingt zu beachten.

© Der/die Herausgeber bzw. der/die Autor(en), exklusiv lizenziert an Springer Fachmedien Wiesbaden GmbH, ein Teil von Springer Nature 2024
K. Sommer, *Locationmanagement für die Eventkonzeption*, essentials,
https://doi.org/10.1007/978-3-658-43928-6

Literatur

Altenbeck, D., & Luppold, S. (2021). *Inszenierung und Dramaturgie für gelungene Events.* Springer Fachmedien Wiesbaden GmbH (Essentials Ser).

Anderson, J. L. (2010). Event Management Simplified: AuthorHouse.

Baumann, D. (2022). Zelte fürs Event – im Überblick. https://www.event-partner.de/bus iness/zelte-fuers-event-im-ueberblick/. Zugegriffen: 25. Juli 2023.

Berners, P. (2018). *The practical guide to managing event venues.* Routledge.

Bernhardt, J., Beyer, S. S., & Brown, S. (2016). *Handbuch Erlebnis-Kommunikation. Grund-lagen und Best Practice für erfolgreiche Veranstaltungen* (2. völlig neu bearbeitete und erweiterte Aufl.). Hg. v. Ulrich Wünsch. Erich Schmidt Verlag.

BlachReport. (2023). Ranking: Welche Streamingstudios sind besonders beliebt? https://www.blachreport.de/business/51473-ranking-welche-streamingstudios-sind-besonders-beliebt/. Zugegriffen: 12. Okt. 2023.

Bowdin, G. A., Allen, J., Harris, R., Jago, L., O'Toole, W., & McDonell, I. (2023). *Events management. [S.l.].* Routledge.

DGNB (o. J.). Versammlungsstätten. Nachhaltige Versammlungsstätten mit der DGNB zer-tifizieren. https://www.dgnb.de/de/zertifizierung/das-wichtigste-zur-dgnb-zertifizierung/nutzungsprofile/versammlungsstaetten. Zugegriffen: 22. Sept. 2023.

Dienel, H. –L. (Hrsg.). (2004). *Handbuch Eventverkehr. Planung, Gestaltung, Arbeitshilfen.* Schmidt (KulturKommerz, 9).

Doppler, S. (2016). *B2B-Eventmarketing. Konstanz.* München: UVK Verlagsgesellschaft mbH; UVK Lucius (utb-studi-e-book, 4552). https://elibrary.utb.de/doi/book/https://doi.org/10.36198/9783838545523.

Drengner, J., & Griese, K.-M. (2016). Nachhaltige Veranstaltungen statt »Green Meetings«. Eine empirische Studie zur Bedeutung der ökologischen, sozialen und ökonomischen Dimension der Nachhaltigkeit aus Sicht von Veranstaltungsstätten. https://www.res earchgate.net/publication/296183405_Nachhaltige_Veranstaltungen_statt_Green_Mee tings_Eine_empirische_Studie_zur_Bedeutung_der_okologischen_sozialen_und_oko nomischen_Dimension_der_Nachhaltigkeit_aus_Sicht_von_Veranstaltungsstatten. Zugegriffen: 22. Sept. 2023.

Ebner, M. (2020). *Sicherheitskonzepte für Veranstaltungen. Grundlagen für Behörden, Betreiber und Veranstalter.* Unter Mitarbeit von Kerstin Klode, Siegfried Paul, Thomas Sakschewski und DIN. e.V. (3rd Aufl.). Beuth Verlag (Beuth Praxis).

Ernst, N., & Luppold, S. (2020). Raumwirkung in Eventlocations. Atmosphärische Bestandteile in Eventlocations und deren Einfluss auf die Zielerreichung bei Events. In S. Ronft (Hrsg.), *Eventpsychologie* (S. 492–512). Springer Gabler.

eventpartner (o. J.). Tipps für die Wahl der richtigen Eventlocation. https://www.event-partner.de/location/tipps-fuer-die-wahl-der-richtigen-eventlocation/. Zugegriffen: 25. Juli 2023.

EVVC. (2019). „Energetische Sanierung" in der Veranstaltungsbranche. Fach- & Hintergrundinformationen. https://evvc.org/sites/default/files/2019-09/energetische%20Sanierung_Stand_19.01.2018.pdf. Zugegriffen: 20. Okt. 2023.

Flaig, J., & Kill, H. (2004). Die Gestaltung der An- und Abreise als Event. In: H.-L. Dienel (Hrsg.), *Handbuch Eventverkehr. Planung, Gestaltung, Arbeitshilfen* (KulturKommerz, 9, S. 65–72). Schmidt

Fuchs, W. (Hrsg.). (2021). *Tourismus, Hotellerie und Gastronomie von A bis Z.* De Gruyter Oldenbourg (De Gruyter Studium).

Funke, E. (2012). Loveparade 2010 – Eine regionale Chance wird zur nationalen Katastrophe – eine Branche betreibt Ursachenforschung. In C. Zanger (Hrsg.), *Erfolg mit nachhaltigen Eventkonzepten* (S. 11–21). Springer Gabler.

GCB. (2023). Meeting- & EventBarometer 2022/2023. https://www.gcb.de/de/wissen-und-innovation/meeting-und-eventbarometer/. Zugegriffen: 25. Juli 2023.

Graf, M., & Luppold, S. (Hrsg.). (2018). *Event-Regie.* Springer Fachmedien Wiesbaden.

Gundel, S. (2017). Überblick über die Entwicklung und den aktuellen Stand der Sicherheit für Veranstaltungsorte und Veranstaltungen. In: S. Gundel (Hrsg.), *Sicherheit für Versammlungsstätten und Veranstaltungen. Ein umfassendes Handbuch zur Sicherheitskonzeption.* Richard Boorberg Verlag.

Gussmann, K. (2017). Lichtmomente. *Food Service*, Heft 5/2017, 39–41.

Häusser, T. (2017). Facility-Management für Veranstaltungs- und Kongressgebäude. In: C. Bühnert, & S. Luppold (Hrsg.), *Praxishandbuch Kongress-, Tagungs- und Konferenzmanagement. Konzeption und Gestaltung, Werbung and PR, Organisation and Finanzierung* (S. 655–666). Gabler.

Heinze, W. G. (2004). Der Status quo in der Eventverkehrsplanung. In: H.-L. Dienel (Hgrs.), *Handbuch Eventverkehr. Planung, Gestaltung, Arbeitshilfen* (KulturKommerz, 9, S. 54–64). Schmidt.

Henschel, O. (2010). *Lexikon Eventmanagement. Strategie, Kreativität, Logistik, Verwaltung* (2., überarbeitete Aufl.). Beuth (Beuth Wissen).

Herbers, L. J. (2021). Streaming-Studio: Die Wahl der richtigen Location. Hg. v. eventpartner. https://www.event-partner.de/business/streaming-studio-die-wahl-der-richtigen-location/, Zugegriffen: 12. Okt. 2023.

Hind, D., Hamiza Zamzuri, N., Baba, N., Hasan, Z., & Disimulacion, M. A. (2023). *International Best Practice in Creative Event Design.* Prasetiya Mulya Publishing.

Hirt, S. M. (Hrsg.). (2013). *Event-Management. Mit Live-Kommunikation begeistern.* Versus.

Hoffmann-Wagner, K., & Jostes, G. (2021). *Barrierefreie Events.* Springer Fachmedien Wiesbaden.

Holzbaur, U. (2002). *Eventmanagement. Veranstaltungen Professionell zum Erfolg führen.* Unter M. von Bernhard Knauß, E. Jettinger, R. Moser und M. Zeller. Springer Berlin/Heidelberg.

Holzbaur, U. (2015). *Nachhaltige Events. Erfolgreiche Veranstaltungen durch gesellschaftliche Verantwortung.* Springer Gabler (SpringerLink Bücher). https://doi.org/10.1007/978-3-658-07577-4.

Holzbaur, U. (2016). *Events nachhaltig gestalten. Grundlagen und Leitfaden für die Konzeption und Umsetzung von Nachhaltigen Events.* Springer Gabler (SpringerLink Bücher).

Holzbaur, U., Jettinger, E., Knauß, B., Moser, R., & Zeller, M. (2010). *Eventmanagement. Veranstaltungen professionell zum Erfolg führen* (4. Aufl.). Springer. http://nbn-resolving.org/urn:nbn:de:bsz:31-epflicht-1514930.

Jäger, D. (2021). Grundwissen Eventmanagement. 4., überarbeitete und erweiterte Auflage. Konstanz, München: UTB; UVK (UTB, 4321). https://elibrary.utb.de/doi/book/https://doi.org/10.36198/9783838556819.

Kaiser, O. (2023). So werden die Fahrgeschäfte kontrolliert. Nach Unfall beim Oktoberfest. https://www.faz.net/aktuell/gesellschaft/oktoberfest-so-werden-die-fahrgeschaefte-vom-tuev-sued-kontrolliert-19182869.html. Zugegriffen: 20. Okt. 2023.

Kartenmacherei (2023). Hochzeitsstudie. https://www.kartenmacherei.de/hochzeitsstudie/#trauung. Zugegriffen: 29. Sept. 2023.

Kästle, T. (2012). *Kompendium Event-Organisation. Business- und Kulturveranstaltungen Professionell Planen und Durchführen.* Springer Gabler. In Springer Fachmedien Wiesbaden GmbH.

Kaufmann, G. (2016). Die vierte Dimension. *M+A Report* (5), 40–43.

Kiel, H.-J., & Bäuchl, R. (2014). *Eventmanagement. Konzeption, Organisation, Erfolgskontrolle.* Franz Vahlen.

Kleine Wieskamp, P. (2019). *Visual Storytelling im Business. Mit Bildern auf den Punkt kommen.* Hanser (Hanser eLibrary).

Knoll, T. (Hrsg.). (2016). *Neue Konzepte für einprägsame Events. Partizipation statt Langeweile – vom Teilnehmer zum Akteur.* Springer Gabler (SpringerLink Bücher).

Koch, S. (2018). 11 ultimative Tipps zur Wahl der perfekten Eventlocation. https://www.event-partner.de/location/die-richtige-event-location-was-muss-man-beachten/. Zugegriffen: 04. Okt. 2023.

Koch, S. (2019). Vom Kundenauftrag zum Designprozess: Die Realisierung temporärer Bauten. https://www.event-partner.de/location/vom-kundenauftrag-zum-designprozess-die-realisierung-temporaerer-bauten/. Zugegriffen: 25. Juli 2023.

Kothe, E. (2018). Die Relevanz einer Untergrundorganisation: Eventbauten am Limit. https://www.event-partner.de/location/die-relevanz-einer-untergrundorganisation-eventbauten-am-limit/. Zugegriffen: 20. Okt. 2023.

Moroff, M., & Luppold, S. (2018). *Planung und Umsetzung sicherer Events. Handeln und Lernen aus Erfahrungen bei Veranstaltungen.* Springer Fachmedien Wiesbaden (Essentials Ser).

Murer, C. (2013). Event-Architektur: Der bewusste Umgang mit dem Unbewussten. In: S. M. Hirt (Hrsg.), *Event-Management. Mit Live-Kommunikation begeistern* (S. 177–186). Versus Verlag.

Oktoberfest (2023). Der Wiesn-Aufbau läuft! Oktoberfest-Arbeiten dauern zehn Wochen. https://www.oktoberfest.de/magazin/oktoberfest-news/2023/wiesn-aufbau-2023. Zugegriffen: 20. Okt. 2023.

Party Rent Group (2015). Raumgestaltung. Einführung in die Raumgestaltung von Events. https://www.partyrent.com/whitepaper/whitepaper_raumgestaltung.pdf. Zugegriffen: 11. Okt. 2023.

Paul, S., & Sakschewsk, T. (2012). *Wissensmanagement für die Veranstaltungsbranche. Besonderheiten, Barrieren und Lösungsansätze*. Gabler Verlag (SpringerLink Bücher).

Pechlaner, H. (Hrsg.). (2008). *Industrie und Tourismus. Innovatives Standortmanagement für Produkte und Dienstleistungen*. Schmidt.

Pfnür, A. (2011). *Modernes Immobilienmanagement. Immobilieninvestment, Immobiliennutzung, Immobilienentwicklung und -betrieb* (3. Aufl.). Springer.

Prandtstetten, M. (2013). *Einsatz von berührungslosen Zahlungs- und Zutrittssystemen im Eventmanagement. Anwendungsfelder für die Organisation von Musikevents*. Diplomica-Verl.

Reichel, A., Schultz, K., Herrmann, E., Kaiser, M., & Katz, T. (Hrsg.). (2014). *Einrichten und Zonieren. Raumkonzepte, Materialität, Ausbau* (Scale, 4. Bd.). Birkhäuser.

Rousseaux, S. (o. J.). Ein Muss für erfolgreiche Events und Incentives: Site Inspections. https://www.passepartout-gmbh.de/aktuelles/passepartout/insights/ein-muss-fuer-erfolg reiche-events-und-incentives-site-inspections/.

Rück, H. (2015). Die Exoten unter den Veranstaltungsstätten. *Tagungs-Wirtschaft, 39*(1), 30–33.

Russel, M. (2020). Meetings Market Survey: Starting from a good place. https://drive.goo gle.com/file/d/1-HJkC_4Blpbu6-p9PST9vOKTdW4BO3AK/view. Zugegriffen: 2. Okt. 2023.

Sakschewski, T., & Paul, S. (2017). *Veranstaltungsmanagement. Märkte, Aufgaben und Akteure*. Springer Gabler (SpringerLink Bücher). https://doi.org/10.1007/978-3-658-168 99-5.

Schäfer, A. (2020). Tipps zur Location-Gestaltung. Wahrnehmung des Raums. https://www.event-partner.de/location/tipps-zur-location-gestaltung/. Zugegriffen: 26. Sept. 2023.

Süddeutsche Zeitung. (2023). Wie sicher sind die Fahrgeschäfte auf der Wiesn? Nach Achterbahn-Unfall auf dem Oktoberfest. https://www.sueddeutsche.de/muenchen/okt oberfest-2023-muenchen-achterbahn-unfall-sicherheit-1.6238785. Zugegriffen: 20. Okt. 2023.

Syhre, H., & Luppold, S. (2018). *Event-Technik. Technisches Basiswissen für erfolgreiche Veranstaltungen*. Springer (SpringerLink Bücher).

Tassiopoulos, D., & Damster, G. (Hrsg.). (2006). *Event management. A professional and developmental approach* (2. Aufl.). Juta Academic.

Tomorrowland. (28. Juli 2023). Discover all of Tomorrowland's 2023 stages. https://tom orrowlandbelgium.press.tomorrowland.com/discover-all-of-tomorrowlands-2023-stages. Zugegriffen: 10. Okt. 2023.

Vienne, T. (2022). Tomorrowland Festival – Techno, Kult und Kommerz. ZDF info, 19.05.2022. https://www.zdf.de/dokumentation/zdfinfo-doku/tomorrowland-festival-tec hno-kult-und-kommerz-100.html. Zugegriffen: 10. Okt. 2023.

Wedekind, J., & Harries, J. W. (2005). *Der Eventmanager. Das Handbuch aus der Agenturpraxis* (Medienpraxis, Bd. 7). LIT-Verl.

Wetterer, E.-C. (2005). *Die Kunst der richtigen Entscheidung. 40 Methoden, die funktionieren* (1. Aufl.). Murmann (Murmann Selbstmanagement).

Printed in the United States
by Baker & Taylor Publisher Services